지문(指紋)이
알고 있는
뇌과학

지문(指紋)이
알고 있는
뇌과학

펴 낸 날 2018년 12월 5일

지 은 이 오세정, 임찬우
펴 낸 이 최지숙
기획주관 이기성
편집팀장 이윤숙
기획편집 최유윤, 이민선, 정은지
표지디자인 최유윤
책임마케팅 임용섭, 강보현
펴 낸 곳 도서출판 생각나눔
출판등록 제 2008-000008호
주   소 서울 마포구 동교로 18길 41, 한경빌딩 2층
전   화 02-325-5100
팩   스 02-325-5101
홈페이지 www.생각나눔.kr
이 메 일 bookmain@think-book.com

· 책값은 표지 뒷면에 표기되어 있습니다.
  ISBN 978-89-6489-923-6   03590

· 이 도서의 국립중앙도서관 출판 시 도서목록(CIP)은 서지정보유통지원시스템 홈페이지
  (http://seoji.nl.go.kr)와 국가자료공동목록시스템(http://www.nl.go.kr/kolisnet)에서
  이용하실 수 있습니다(CIP제어번호: CIP2018037904).

Copyright ⓒ 2018 by 오세정, 임찬우 All rights reserved.
· 이 책은 저작권법에 따라 보호받는 저작물이므로 무단전재와 복제를 금지합니다.
· 잘못된 책은 구입하신 곳에서 바꾸어 드립니다.

지문(指紋)이 알고 있는 뇌과학

성격 탐색과 진로 적성
(분석·상담 코칭 포함)

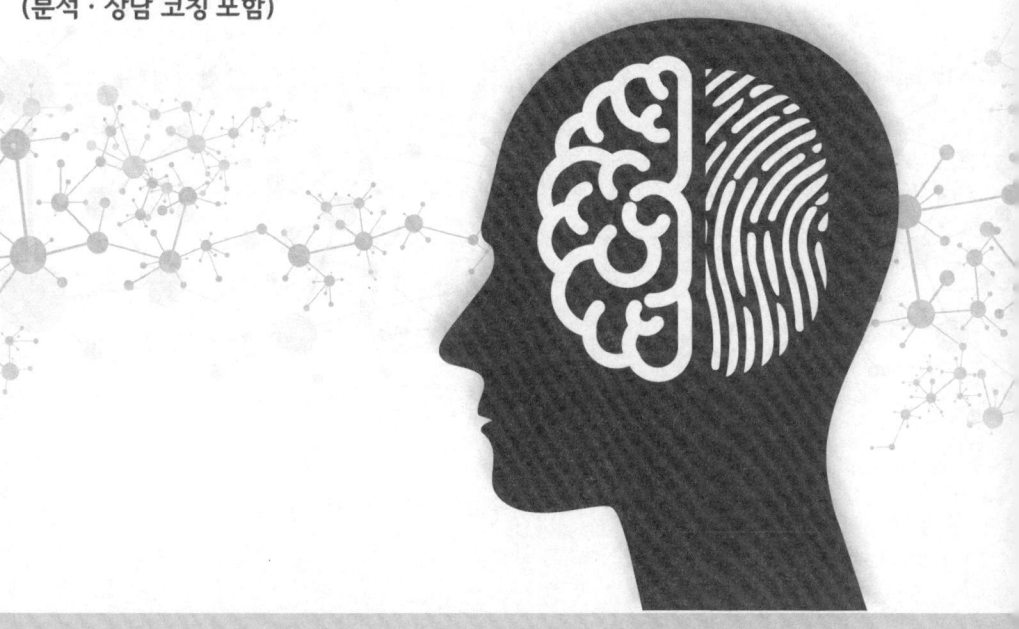

추천사

21세기를 살고 있지만 이제 22세기를 대비해야 할 시기가 도래하고 있다. 미래에 대한 불확실성이 커지는 사회에서 불안감이 높아지고 있다.

마음이 향하는 심리도, 몸이 움직이는 행동 특성도, 인생이 가고자 하는 진로 적성도, 사람과 사람의 관계도 지문을 통해 알 수 있다. 개인의 타고난 인격적 유형과 학습에 대한 민감도 및 한 개인에게 알맞은 학습 방법을 찾아서 이를 종합적으로 분석한 자료를 토대로 인격 유형과 지능의 우선순위에 따른 적합한 직업(전공)에 대한 안내를 해주므로 자신의 진로를 개척해나가는 데 도움을 줄 수 있다.

과연 '지문'과 '적성'이 어떤 직·간접적인 관계를 맺고 있는가? 지문 적성검사는 점(占)을 보는 것과 같은 역술이 아닐까? 어떤 통계적인 절차를 통해 자료가 만들어지고, 검사 결과를 80% 이상 신뢰할 수 있는가?

『지문(指紋)이 알고 있는 뇌과학(腦科學)』이 이런 궁금함을 해결해준다. 특히, 사람의 지문으로 개인 성향의 특성을 통한 적성과 진로를 제시하고 있다.

서명과도 같은 지문에는 무슨 비밀이 숨겨져 있는 것일까? 일종의 유전자(遺傳子) 검사 같은 것인가? 지문의 형성은 부모의 영향을 많이 받기 때문에 유전적 요소를 가지고 있다. 인간마다 각기 다른 고유한 문양을 갖게 되며, 지문은 10개의 손가락 끝마디에 형성된 일정한 형태로 한 사람의 지문과 같을 확률은 약 10억분의 1이라 알려졌으며, 열 개의 손가락은 기능과 역할이 제각각 다르고 힘의 균형 또한 차이가 있다.

최근에는 의학적인 연구들의 결과로 유전자의 배열이나 기능, 지문이나 장문의 형태 그리고 호르몬의 작용들이 밝혀지면서 이를 통한 보다 객관적인 진단 자료들을 교육학이나 심리학의 분야에 활용할 수 있게 되었다. 이 검사는 개인마다 고유한 지문의 형태 분석을 통해 개인의 선천적인 성향을 파악하고 개인의 특성에 적합한 적성을 찾아 제공한다.

개인의 진로 설정 방법, 학습지도, 인격적 성향의 행동 특성, 스트레스 원인 분석 및 해소 방법, 효과적인 대화 방법 및 지도 방법이 제시되고 있다. 개인의 특성에 따른 역량을 파악하여 직무 적성 및 적합한 진로를 개척해나가는 데 도움을 줄 수 있다고 판단된다.

대전과학기술대학교 교수/ 보건학 박사 강창렬

추천사

　진로지도에서 자신의 재능(선천성)을 안다는 것은 행복한 삶과 진로를 찾는데 매우 중요하다. 여러분이 자신의 재능을 발휘할 수 없는 분야에서 일할 때 존중받지 못하고 자신감과 행복감을 느낄 수 없는 것과 같다.

　이렇듯 진로지도는 개인의 적성과 능력에 따라 적절한 직업(일)을 선택하는 데 도움을 주고, 이를 통해 사회적 자기실현을 이루도록 돕는 활동이다. 이때 진로 상담자가 내담자의 흥미와 적성, 특히 선천석 재능을 알 수 있다면 효율적인 진로지도를 하는데 매우 중요한 일이라 생각한다.

　그렇다면 행복 진로 교육이란 아마 자신의 흥미와 재능을 찾아 미하이 칙센트가 제시한 도전과 역량을 발휘할 수 있도록 돕는 것이 아닐까 생각해본다.

　흥미와 적성을 찾는 활동은 일반적으로 자기 보고식 검사지로 이루어지고 있는데, 선천성을 띠고 있는 적성은 자기 보고식 검사지로 측정하기 매우 곤란할 때가 많다.

　이러한 현실에서 지문(손가락 피부 패턴)을 통해서 선천성과 성격 역량을 분석하고 해석하는 활동은 진로 교육의 핵심인 '자기 이해 역량'을 찾을 수 있는 좋은 도구가 아닌가 생각한다.

　인간의 지문(선천성)은 태어난 순간부터 각 개인이 가진 독특한 특징으로 태아 13주에서 19주 사이에 완성되는 지문 패턴(손가락 무늬)을 의미한다.

　그 유형의 특징을 살펴보면 안정형(꼼꼼하고 부지런함), 탐구형(다방면에 호기심이 많음, 상상력이 풍부함), 감성형(친절하고 싹싹함), 창의형(독특한 관찰력), 열정형(자신감이 우수함, 예술형), 사고형(목표를 향해 묵묵히 전진함), 관계형(상대방의 입장을 이해하는 능력이 탁월함), 현실형(성취와 실천력이 좋음), 주도형(생각과 주장 분명함), 원칙형(자기 관리 능력이 탁월함, 성찰)으로 분류할 수 있다.

　따라서 이 지문 도구는 내담자의 성격적 강점과 약점을 선천성(적성) 관점에서 해석할 수 있는 도구라 할 수 있고, 또한 내담자의 선천성의 특징을 활용하여 진로 탐색 활동에 유용하게 활용할 수 있는 도구라고 생각한다.

광주교육대학교 진로진학 대학원 박행모 교수

머리말

"나는 생각한다. 고로 존재한다." 이것은 우리 삶의 공통된 명제이다.

사람의 성향에 따른 적성과 진로를 알아보려는 방법에는 현재에도 많이 시행되고 있는 MBTI, DISC, EGO-OK 그램, 홀랜드, 스트롱, 다중지능, 애니어그램, 도형(도형) 심리, 사주 적성, 혈액형 등 여러 종류가 있다.

위에 열거한 검사프로그램들은 각기 다르겠지만 나름 장단의 세월, 무수한 사례를 축적하며 수정과 검증을 통하여 통계과학적으로 이루어졌다고 주장하고 있다.

유명한 격언 중에 "열 길 물속은 알아도 한 길 사람속은 모른다."라고 한 것처럼 인간관계의 첫 단추인 '앎'을 터득하는 것이 사회생활의 성공을 여는 열쇠라 해도 과언이 아니다. 또한, 손자(孫武:孫子)가 『손자병법』에 기술한 "지피지기면 백전백승(知彼知己, 百戰不殆)"처럼 남을 알려면 나를 먼저 아는 것이 먼저이며, 송나라 주희(朱熹)가 『대학(大學)』에서 주장한 "수신제가치국평천하(修身齊家治國平天下)"도 선생님들과 어르신께 익히 들어왔다.

이처럼 성향 및 적성검사는 원만한 인간관계와 성공적인 삶을 영위하기 위해 자타의 심리성향을 파악하려는 연구와 열정 그리고 노력이 만들어낸 결과물이라 하겠다. 하지만 위에 열거한 프로그램들은 주로 수십 내지는 수백 개의 문항으로 검사 시 집중력과 판단력을 흐리게 하는 등 뇌과학적 소견으로 개인의 성향을 정확하게 판단하고 분석하기에 다소 어려움이 있다고 필자는 생각하고 있다.

　이번에 집필한 『지문(指紋)이 알고 있는 뇌과학(腦科學)』에서는 사람의 지문으로 개인의 성향적 특성을 통한 적성과 진로를 판단하는 것으로 기존 프로그램의 문항을 주관적으로 판단하고 결정하여 결과를 도출하는 방식이 아닌 비주관적 방식의 지문을 채취(採取)하고 분석하여 상담하는 프로그램이다.

　지문이란 엄마의 태중에서 13~19주 사이에 완성되는 것으로 부모의 성향과 태내·외의 환경이 지문의 형성에 관여하게 되므로 인간마다 각기 다른 고유한 문양을 갖게 된다. 지문은 10개의 손가락에 끝마디에 형성된 일정한 패턴으로 한 사람의 지문과 같을 확률은 약 10억분의 1이라 알려져 있으며, 사람마다 융선과 넓이 그리고 상하좌우 폭이 각기 상이하여 얼굴 생김새가 거의 유사한 일란성 쌍둥이도 다르게 형성되어 범죄 수사에서 사람을 식별하는 매우 유용한 도구로 쓰이고 있다.

　근간에는 시건(施鍵) 또는 보안장치(保安裝置)로도 각광받고 있다. 이렇듯 지문의 활용은 다양한 분야에서 응용되고 있으며, 특히 일정한 종류의 패턴을 유지하면서 형태 및 구성에 따라 부류를 통계적으로 정리하며 부류에 속한 기질과 성향을 구분하는 단계에 이르게 되었고 국내·외 최초로 필자의 석사 논문에서 지문검사가 다루고 있는 성향들을 뇌과학 측면으로 연구를 진행하여 정서성향과는 달리 '행동성향'

부분에서 유의미한 결과를 발표하였다.

'행동성향'이란, 정서성향과 달리 사람의 기질을 말하는 것으로 저마다의 삶을 유지하며 관리하고 개척해 나아가는 힘을 의미한다. 즉, 사회생활에서의 나의 기질을 토대로 한 인간관계는 자신을 얼마만큼 알고 있느냐에 따라 성공 프로테이지를 가늠할 척도가 될 수 있다.

세상에는 인격적으로 훌륭한 사람도 많고 그와 함께 지식을 겸비한 분들도 많다. 기득권의 형성이 이미 한 시대의 발전과 영달을 위하여 희생과 연구 그리고 각골분투의 노력에 대가라는 것을 너무도 잘 알며, 새로이 탄생하는 프로그램의 뿌리가 되었다는 것을 누구나 인정할 것이다.

우리의 교육기관은 어린이집(1세~7세)과 유치원(5세~7세)을 거쳐 초등학교(6년), 중학교(3년), 고등학교(3년), 대학교(2년~4년), 대학원(2년~4년)으로 관인되어 있어 대학(원)까지 마치려면 16년에서 22년까지의 세월이 소요된다.

필자도 두 자식을 키우며 경제적 여건으로 유치원이 아닌 어린이집을 보냈지만, 다행히 인성과 심성이 좋은 원장님과 선생님들께서 두루 살펴 주셔서 4년 터울의 두 아들 모두 제1국민역인 국방의 의무를 완수하고 사회로 복귀했음을 너무도, 그리고 대단히 기뻐했다. 그래서 우리 세 부자는 대를 이어 나라를 지키는 대한민국 육군의 자랑이라 자축하고 아들들의 엄마에게 그 영광을 돌렸다. 감히 생각하건대, 왜 그런지

확실한 이유를 모르지만 아들들은 아빠보다 엄마가 더 좋다고 한다.
 필자의 성향과 적성의 경우를 돌이켜보면 '초·중·고·대학 시절의 적성과 맞지 않은 전공을 생각하며 많이 돌아왔구나.'라는 생각을 지울 수 없다.
 지금은 21세기이며 우리는 22세기를 살아가야 한다. 기성세대와는 사뭇 다른 우리의 후세에게 무엇을 어떻게 무슨 방법으로 남겨줄 수 있나를 심각하게 고민해야 한다.
 여기에 쓰인 책 속의 글 내용은 한정적이고, 그래서 더 이상의 표현을 할 수 없지만 독자들의 마음속에 필자의 '삶의 철학'이 전해지길 간절히 바라며, 지문 판독이 기득권자들의 전유물에서 벗어나는 계기가 되었으면 하는 바람이다.

 마지막으로 흙 속에 묻힐 뻔한 나의 연구를 세상 밖으로 나가자며 내 논문의 맥을 이어주며 내 손을 잡아준 아우 오세정 님과 미흡과 부족함이 혼재함을 일필휘지로 정리해주신 '도서출판 생각나눔' 이기성 편집장님 그리고 수고해 주신 직원분들께 감사드립니다.

2018.11.15.
임찬우
『임사부가 들려주는 32가지 인성교육』 저자

행복한 자기발견의 가치

"지문으로 무엇을 알 수가 있지요?"

가장 많이 들었던 질문이기도 하다. 처음 접해본 사람이든 들어서 조금은 안다고 하는 사람이든 대부분 그런 심정으로 마주하곤 한다. 심지어 터무니없다는 듯 그냥 무시하는 이들도 있었다. 그냥 한번 속는 셈 치고 손을 내밀어 지문을 보여준 사람들도 있었다. 속아줄 수도 있다는 심정을 가지고 덤비는 사람이 어쩌면 더 묘하게 끌리는 것은 무슨 심보인지 모르겠다. 아마 지문을 들여다본 세월이 강산이 한 번은 변했을 만큼의 시간에 대한 소중함이 있었기에 말로 설명하지 않고 결과로 보여주곤 하였다. 결과 내용과 그에 따른 해석 그리고 상담을 들은 대다수 사람들이 놀랍다는 반응을 보이는 데 걸리는 시간은 그리 오래 걸리지 않았다. '어떻게 알 수가 있나요?' 또는 '너무 신기한데요…' 하면서 고개를 갸우뚱하기도 한다. 무수히 많은 우여곡절과 사연을 간직하고 있기에 애정도 많지만, 무척이나 재미난 일이기도 하다. 심지어는 누군가가 지문이라는 이야기를 하거나 궁금하다고 하면 너무나 반가워 어찌할 줄 모를 정도이니 말이다. 지문과 관련된 이야기보따리를 풀어놓기 시작하면 시간 가는 줄 모르기가 때문이다. 어쩌면 지문을 들여다보고 있으면 한 개인의 인생사가 송두리째 비추어지는 느낌이 들기도 한다. 마음이 향하는 심리도, 몸이 움직이는 행동 특성도, 인생이 가고자 하는 진로적성도, 사람과 사람의 관계도 객관적이고 간편하게 지문은 알 수 있다. 나무를 베어보면 나이테가 있으며 그 나이테를 자세히 들여다보면 아주 재미난 현상들이 고스란히 담겨 있다. 나무의 나이를 알려준다고 하는 그 나이테의 간격을 보면 어떤 해에는 간격이 넓고 어떤 해에는 간격이 좁다는 것을 알 수 있다. 분명한 사실은 나이테의 생김새를 분석해보면 그 지역의 기후와 강수량 등 다양한 특성을 알 수 있다는 것이다. 임신 중에 만들어지는 사람의 손에 새겨진 지문도 태교의 환경적인 영향에 아주 많이 관련 있다고 보아야 한다. 실제 아주 많은 사례에 비추어 보아도 태교가 잘 되었었다고 하는 사람의 지문과 그렇지 않은 사람의 지문은 확연한 차이가 있다는 것을 알 수 있었다. 임신 중에 극심한 스트레스로 인하여 유산의 위험을 감당하였다고 하는 사람들의 이야기를 들어보면 더욱 확신을 가지게 된다. '이미 태어난 사람을 어떻게 하란 말이야?'라고 말하기도 한다. 필자가 말하고 싶은 바는 '자신이 누구인지를 안다는 것보다는 이해 또는 노력하거나 대응이 가능하다는 것'이다. 누구나 한 가지 이상의 재능을 가지고 있으며 그러한 능력을 발휘하며 살아가는 삶이 행복한 삶이란 것을 부인하지 않는다. 수만 명의 지문을 보아 오면서 얻어낸 결론은 '손에 새겨진 지문은 무수히 많은 정보를 간직하고 있다.'는 것이다. 우리는 이제 지문이 알고 있는 다양한 정보에 주목해야 한다. 오로지 자신만이 가지고 있는 유일무이한, 한 개인의 능력과 이야기를 간직한 지문에 관심을 가져야 한다. 지문이 알고 있는 자신만의 진정한 가치를 발견하고자 하는 사람들에게 권하며, 행복한 삶을 살아갈 수 있도록 지문·심리·상담을 알게 된 것에 감사한다.

2018.11.15.
오세정

I. 지문유형을 통한 성격·재능 분석 및 적성 상담

제1장 지문(指紋)의 이해

1. 지문이란? ... 22
2. 지문(피문)의 연구 및 흐름 ... 23
3. 지문의 구성요소 ... 27
4. 지문의 형성 ... 28
5. 태교가 지문 패턴 데이터에 미치는 영향과 심리적 특성 ... 30
6. 지문 패턴 데이터와 심리적 특성 ... 36
7. 지문의 활용 분야 ... 45

제2장 지문 패턴의 분류

1. 지문의 유형별 분포 ... 48
2. 손가락 별 명칭 및 순서 ... 49
3. 지문 패턴의 분류 ... 49
4. 지문 패턴의 분류 방식 ... 51
5. 지문 패턴의 분류에 따른 성격 유형 ... 52

제3장 학습 유형과 지도 방법

1. 원론 학습이 필요한 안정형 ... 77
2. 원리 학습이 필요한 탐구형 ... 79
3. 관심 학습이 필요한 감성형 ... 80
4. 칭찬 학습이 필요한 창의형 ... 82
5. 개방 학습이 필요한 열정형 ... 84
6. 격려 학습이 필요한 사고형 ... 86
7. 교감 학습이 필요한 관계형 ... 88
8. 인정 학습이 필요한 현실형 ... 90

9. 존중 학습이 필요한 주도형   92
10. 신뢰 학습이 필요한 원칙형   93

제4장 성격 유형별 대인 관계 향상을 위한 방법

1. 안정형의 관계 향상을 위한 방법   100
2. 탐구형의 관계 향상을 위한 방법   102
3. 감성형의 관계 향상을 위한 방법   104
4. 창의형의 관계 향상을 위한 방법   106
5. 열정형의 관계 향상을 위한 방법   109
6. 사고형의 관계 향상을 위한 방법   111
7. 관계형의 관계 향상을 위한 방법   113
8. 현실형의 관계 향상을 위한 방법   116
9. 주도형의 관계 향상을 위한 방법   118
10. 원칙형의 관계 향상을 위한 방법   121

제5장 재능 및 역량

1. 대인 관계 재능   131
2. 자기 이해 재능   133
3. 공간지각 재능   136
4. 논리 수리 재능   138
5. 신체 율동 재능   140
6. 신체 조작 재능   142
7. 청각 음악 재능   143
8. 언어 구사 재능   145
9. 자연 관찰 (도상) 재능   147
10. 자연 관찰 (변식) 재능   149

II 지문 유형과 뇌 기능적 성향 해석에 따른 특성

제1장 지문학과 뇌과학의 유사성 연구에 대한 필요성과 목적

제2장 뇌의 구조와 기능

1. 전두엽(frontal lobe) — 159
2. 두정엽(parietal lobe) — 160
3. 측두엽(temporal lobe) — 160
4. 후두엽(occipital lobe) — 160

제3장 대뇌반구의 기능 분화

1. 뇌 기능의 편재화 — 164
2. 뇌 기능의 특성 — 165
3. 뇌파 분석에 의한 뇌 기능의 성향의 특성 분류 — 168

제4장 뇌파

1. 뇌파의 종류와 특성 — 172
2. 주파수와 진폭 — 177
3. 뇌파의 특성 및 뇌 기능과 관련한 연구 — 178

제5장 뇌 기능 분석

1. 뇌 기능 분석 방법 — 182
2. 뇌 기능 지수의 종류와 특성 — 183

제6장 유아들의 지문과 뇌파 분석에 따른 성격 유형 유사성 연구

1. 연구 대상   190
2. 연구 설계   190
3. 연구 측정 도구   191
4. 자료의 수집 및 분석   195
5. 통계 처리   201
6. 연구 방향과 결과 분석 방법   201

참고 문헌

1. 국내 문헌   216
2. 국외 문헌   219

부 록

1. 뇌 기능 분석표
2. 유전자 지문 적성검사서
3. 지문 형태별 점수 산정 및 지문 분석표
4. 정서 및 활성 지수에 대한 뇌 기능 분석 VS 지문 분석(대상자)
5. 지문 형태별 정서 및 행동 성향 통합 분석 방법 및 분석 자료
6. 지문 적성검사 업체 분석 자료

지문유형을 통한 성격·재능 분석 및 적성 상담

오세정

제1장
지문(指紋)의 이해

1. 지문이란?

손가락 끝마디 안쪽에 있는 많은 융선(Ridge)과 골(Valley)로 이루어진 주름 모양의 피부 무늬 또는 이것을 찍어낸 형상을 지문이라고 표현한다.

손가락의 끝마디를 물체에 대고 누르면 표면에 이 곡선 무늬가 남는데 이러한 흔적을 지문이라고 말하기도 한다. 이 무늬는 평생 변하지 않는 특징, 모든 사람이 각기 다른 모양을 가지고 있는 특징이기도 하다.

지문은 유전자가 동일한 일란성 쌍둥이라 할지라도 다르며, 또한 작은 상처는 지문의 구조를 바꾸지 않으며, 새로운 세포가 자라면서 다시 이전과 동일한 지문을 형성한다. 심지어 칼로 베거나 상처가 발생하여 복원되고 난 이후에도 땀샘에 의하여 원래 상태로 지문이 생성된다.

지문은 큰 의미에서 보면 피부의 무늬의 한 부분으로서 '피문학'이라고 표현하기도 한다. 피문학(皮汶學, dematoglyphics)이란 손과 발의 피부 무늬를 말하며 피부 무늬인 지문 그리고 그것과 연관된 선들과 손 모양이 갖는 의미를 말한다.

지문의 무늬 형태는 학자에 따라서 여러 가지로 분류되고 있으나, 크게 대분류로는 호형문, 기형문, 두형문으로 분류한다.

호형문

기형문

두형문

2. 지문(피문)의 연구 및 흐름

피문학(皮汶學, dematoglyphics)[1]이란 지문 그리고 그것과 연관된 선들과 손 모양이 갖는 의미를 연구하는 학문으로서 피문학의 아버지로 불리는 하롤드 쿠민스(Harold Cummins) 박사가 1926년에 만들어낸 용어다. 그의 연구는 광범위했다. 그래서 태아의 지문 발달에 대한 연구에까지 그 범위를 넓혀갔다. 그 결과 의학 분야에서도 지문에 관해 관심을 두게 되었다. 쿠민스와 동시대 사람인 노엘 자크윈(Noel Jaquin)도 손 분석 분야에서 중심적인 역할을 했다.[2]

피문은 수문과 족문을 가리키는데, 수문은 장문과 지문을 말하며 합하여 수상학이라 한다. 족문은 지문(趾紋)과 척문(蹠紋)을 포함하며 합하여 족상학이라 한다. 수족의 피문은 타고나는 것으로 후천적인 변화는 극히 적다.

발생학적 측면에서 보면, 태아는 3~4개월부터 지문이 생기기 시작하여 6개월이 되면 뚜렷하게 형성되고, 이후부터는 나이가 들어감에 따라 무늬가 굵어지거나 작은 변화가 일어나게 된다. 하지만 절대 지문이 갖는 특성의 범위를 넘지 않는다. 미라를 검사해본 결과, 1천여 년이 지난 시체의 지문이 흐트러지지 않은 사실은 지문이 안전성이 강하고 잘 훼손되지 않는 특성이 있다는 점을 설명한다.[3]

---

1) 피문학은 피부문향학(皮膚汶樣學 Dermato = Skin, Glyphics = Carvings)을 Harold Cummins 가 1926년에 만들어낸 용어로서, 지문과 관련된 융선(隆線, Ridge)과 곡선(谷線, Valley) 등으로 구성된 손가락 무늬를 연구하는 학문으로 다운증후군과 같은 특수한 병 등의 판단에 효과적이며, 유전학의 규명에 근거가 되고, 또한 쌍둥이의 접합형식(Zygosity)의 결정을 연구하는 방법이기도 하다.
2) 리처드 웅거, 권인택 옮김(2009), 전게서, p.28~29
3) 팽청화, 이상룡·김종석 옮김,『망진』, (서울: 청홍, 2009), p.422

동양의 전통에 따라 손을 보는 사람들의 이야기에 의하면 지문의 연구는 5천 년보다 훨씬 이전부터 인도에서 시작되었다고 한다. 또 기록에 의하면 아리스토텔레스가 인도로 가서 수상술을 배웠고, 이를 제자인 알렉산더 대왕에게 가르쳐 주었다고 한다.

지문에 대한 언급을 공식적으로 처음 의학 문헌에 한 것은 1684년 니어마이아 그루(Nehemiah Grew) 박사가 런던 왕립 의과대학에서 인간의 손끝에 있는 흥미로운 표식들에 대하여 강의를 하였다고 한다. 그 후 2세기에 걸쳐 과학자들이 전 세계를 누비며 동물과 식물의 종을 분류하고, 인간 몸의 기본적인 형태와 그 기능에 대해 점점 많은 것을 알아감에 따라 지문에 관한 연구도 조금씩 진척되어 갔다.[4]

지문과 관련된 주목할 만한 사건과 역사는 표⟨2-1⟩, ⟨표2-2⟩와 같다.

⟨표2-1⟩ 지문의 역사에서 주목할 만한 사건들[5]

1685	고어드 버들루 Gouard Bidloo	처음으로 지문을 상세하게 묘사한 책을 씀
1686	마르첼로 말피기	볼로냐 대학교의 해부학 교수. 처음으로 현미경을 사용하여 지문을 관찰함.
1788	메이어 J. C. A.. Mayer	처음으로 지문 분석의 기본원칙을 기술함. "피부 융선의 배열이 똑같은 사람은 하나도 없다. 하지만 그 배열이 매우 유사할 수 있다. 어떤 경우에는 그 차이가 두드러진다. 하지만 그 배열의 고유한 특성에도 불구하고, 모든 배열에는 어떤 유사점이 존재한다." 3

4) 리처드 웅거, 권인택 옮김(2009), 상게서, p.478~479
5) 리처드 웅거, 권인택 옮김(2009), 전게서, p.480

1823	푸르기니에 John E. Pur-kinje	브레슐라우 대학교의 해부학 교수. 처음으로 지문을 분류함.
1833	벨 Sir Charles Bell	해부학자. 손에 관한 책(『The Hand: It's Mechanism and Vital Endowments as Evincing Design』)을 썼다.
1858	윌리엄 허셜 Sir William Herschel	인도 벵골에서 근무한 영국 관료. 처음으로 신원확인 수단으로써 지문을 널리 보급함.
1880	헨리 폴즈 Dr. Henry Faulds	동경 쯔키지 병원에 있으면서 『네이처』지에 범죄현장에서 지문을 채취할 것을 제안하는 글을 발표함. 4
1823	마크 투웨인 Mark Twain	『윌슨씨 이야기 Pudd'nhead Wilson』에서 지문식별로 살인범을 확증할 수 있음을 보여줌.
1892	프랜시스 골턴 Sil Francis Galton	인류학자. 찰스 다윈의 사촌. 지문을 이용하여 신원을 확인할 수 있는 실질적인 방법을 고안. 지문에 대한 기본적인 용어를 만듦. 지문이 영원히 불변한다는 사실을 과학적으로 증명. 최초로 쌍둥이에 관한 연구를 시작함.
1897	해리스호손 와일더 Harris Hawthorne Wider	피문학을 연구한 최초의 미국인. 삼각도에 'a, b, c, d'라는 명칭을 부여함. 주장선(主章線) 지수 'Main Line Index'를 만듦. 무지구(拇指球)와 소지구(小指球)를 연구하고 'Ⅱ, Ⅲ, Ⅳ'라는 명칭을 부여함.
1904	이네즈 휘플 Inez Whipple	처음으로 인간이 아닌 동물의 피부 무늬를 연구함.
1923	크리스턴 보네비에 Kristtine Bonnevie	처음으로 유전학의 관점에서 광범위한 연구를 수행함.

〈표2-2〉 피문학 연구의 역사[6]

연도	연구자	내용
1926	Harold Cummings & Midlo	해부학자로서 최초로 '피문학(dematoglyphics)'이라는 용어를 사용함.
1936	Harold Cummings	미국의 의학박사로서 정기 간행물(의학잡지)에 치매 환자의 특이한 지문 특징에 대해 발표함.
1940~1950	Dr. Charlotte Wolff	범죄자들을 대상으로 그들의 지문 특징에 대하여 연구하였는데, 특히 새끼손가락에 대한 많은 통계자료를 발표함.
1959	Lejeuhea	프랑스 유전학자로서 다운증후군 환자의 21번째 염색체의 수가 일반인보다 1조가 많은 것을 발표함(지문과 염색체와의 상관관계를 발견하는 이정표가 됨.).
1963	Dr. Theodore J. Brrry	의학 교과서에 손의 지문을 관찰하여 진단하는 내용을 발표함.
1967		국제 피문 연구회의(영국에서 개최됨)에서 지문의 삼각점과 융선의 수량화의 규칙을 포함한 분류 방법을 확정 발표함.
1969	John J. Muivihill & David W. Smith	의학박사로서 태아의 지문 형성 단계에 관한 연구에서 지문은 모태에서 16주경에 형성이 완료된다고 발표함.
1973	Johnson & Opitz	소아과 임상 잡지에 일부의 질병과 지문의 관련성을 발표함.

---

6) 문선우(2013), 『홀로그램적 관점에서의 지문 패턴과 사주십성이론과의 상관성 연구』, 공주대학교 동양학과 동양학전공 석사학위논문, p.15

연도	학자	내용
1976	Alter	지문과 염색체의 기형적 변화와의 관계를 체계적으로 연구함.
1987~1993	Fitzherbert	과학적인 지문 연구의 대표적 학자로 300편 이상의 논문에서 지문학, 인류학, 해부학과의 관계를 설명함.
1989	Bagga	정신분열증의 지문 형태를 발표하였고, 지문의 생리학과 심리학에서는 어느 것도 대치할 수 없다고 확인함.
1992~1994		지문(피문) 전문 논문의 초점은 영아사망 증후군(SIDS), 무정자증, 선천적 청각장애, 폐결핵, 관절염, 일란성 쌍둥이(MMPI), 태아의 알코올 중독증 등의 연구에 집중하여 다수의 논문이 발표됨.

3. 지문의 구성요소

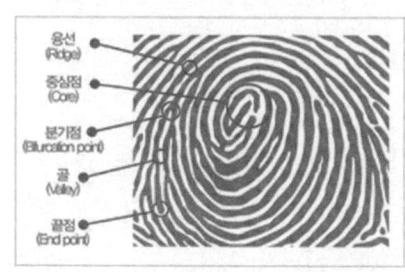

삼각도

융선(Ridge) : 돌출 또는 돌출된 구조물로써 지문에서는 표피 밑에 있는 땀샘의 출구가 주위로부터 융기하여 피부 무늬가 조각되어 앞으로 튀어나온 부분이다. 물건을 잡을 때 미끄럼을 방지하는 특징을 지니고 있다.

골(Valley) : 음각 처리가 되어 있는 부분으로 지문에서는 골짜기처럼 움푹 들어가 있는 곳을 말한다.

핵(Core) : 지문의 피부 무늬가 시작되는 첫 부분 또는 시작점을 말한다.

삼각점(Delta) : 지문 선의 흐름을 따라서 각각의 다른 세 방향의 선이 모이는 부분의 중심점으로 삼각 모양을 이루고 있는 부분을 말한다.

4. 지문의 형성

지문의 형성은 부모의 영향을 많이 받기 때문에 유전적 요소를 가지고 있다고 볼 수 있다. 지문의 발생학적 측면으로는 임신 기간 중 13주경(3~4개월)에 지문이 생기기 시작하여 19주(6개월)가 되면 뚜렷하게 형성된다. 이 시기에 지문과 함께 뇌도 함께 만들어진다고 보면 된다.

지문의 생성은 태아의 손바닥이 형성되면서 엄지손가락의 지문이 제일 먼저 생성되고 나머지 순으로 생성된다. 지문이 만들어지는 과정은 엄마 뱃속 양수 안에서 손짓과 발짓을 하면서 태아가 노는데, 그 양수 파장으로 손바닥 발바닥은 물론 손가락 발가락에 이랑이 형성되고 형성된 이랑이 곧 지문이라고 보면 된다. 지문의 융선(지문을 형성하는 선) 총수(TRC, Total Ridge Count)는 DNA의 유전으로 결정되는데, 이러한 종류의 DNA 유전자는 우성이나 열성이 없고 후천적인 환경에 의해 바뀌는 경우도 없다.

 히르슈와 슈바이처(W. Hirsch & Schweicher) 박사는, 진피층 혈관신경계의 배열 규칙에 따라 혈관의 신경계통이 손바닥과 손가락을 형성하며, 지문은 수정 후 3개월경부터 형성되기 시작하여 5개월경(임신 13~19주 사이)에 완성되며, 이렇게 형성된 지문은 사람의 인격적 특징과 필연적으로 관계가 있음을 발견했다.

5. 태교가 지문 패턴 데이터에 미치는 영향과 심리적 특성

(1) 손의 기능과 지문의 역할

사람이 가지고 태어나는 신체의 서명과도 같은 지문에는 무슨 비밀이 숨겨져 있는 것일까?

지문은 사람이 살아가는 데 있어 생활의 편리함을 위하여 만들어진 것인지 또는 각자가 가지고 있는 유일무이한 정보 내지는 비밀 같은 것을 수록하고 있는 것은 아닌지 궁금증을 자아낸다. 분명한 것은 사람에게 손을 자유자재로 사용할 수 있다는 것은 인류 문명의 발달에 지대한 역할을 한 것은 사실이다. 그만큼 사람의 손은 어떠한 일을 해내는 과정에서 빼놓을 수 없는 아주 중요한 역할을 한 것이나 다름없다. 그러한 손을 더욱 민첩하고 정교한 작업을 할 수 있도록 하는 데 지문이 꼭 필요한 것은 사실이다. 심지어 손끝으로 느끼는 감각은 그 어느 기관 또는 신체로 느끼는 것과 비교할 수 없을 정도로 발달하여 있으며 각종 정보를 뇌에 전달한다.

사람의 몸을 구성하고 있는 신체의 뼈는 약 206개로 구성이 되어 있는데, 그중 25%에 달하는 54개가 양손에 있으며 양손에 각각 27개씩 있다. 손에 집중된 뼈로 인하여 손으로 할 수 있는 일이 오죽 많았으면 오만가지의 일을 다 할 수 있다고 하였을까? 과학자들이 로봇을 아무리 정교하고 뛰어나게 잘 만들어낸다 하여도 사람의 손과 같은 행동을 할 수 있도록 만들어 내지를 못한다고 한다.

지구 상에 존재하는 어떠한 동물도 사람이 가지고 있는 손의 기능을 뛰어넘는 생명체는 없다. 사람과 가장 유사하다고 하는 고릴라를 보면 생김새나 행동은 비슷한 면이 있지만, 손이 가지고 있는 기능을 살펴보면 전혀 다른 것을 알 수 있다. 사람은 다섯 개의 손가락 중에 엄지손가락이 가지고 있는 힘이 가장 세기도 하며 역할의 비중도 크다는 것을 알 수 있다. 엄지손가락을 중심으로 나머지 네 개의 손가락이 움직이는 사람과 달리 원숭이나 고릴라 등은 엄지손가락의 기능과 역할보다는 엄지를 제외한 나머지 검지, 중지, 무명지, 약지 등의 손가락을 많이 사용하는 것을 볼 수 있다.

　일본 뇌 과학계의 원로이자 뇌 과학의 대중화에 가장 많은 기여를 한 의학자 구보다 기소우 박사는 "손은 인간의 두뇌 진화에 결정적인 영향을 미쳤고, 손을 사용함으로써 두뇌를 자극해 머리가 좋아진다."라고 수십 년간 연구하여 뇌와 손의 관계를 명쾌하게 정리하였다. 손이 하는 일들은 뇌에서 내리는 명령을 수행하기도 하지만, 반대로 외부에 있는 각종 정보를 뇌에 제공하거나 전달하는 기능을 맡고 있기도 하여 유기적으로 상호 보완 협력을 한다.

　손의 움직임과 손이 느끼는 변화는 뇌에 간접적인 자극을 일으켜 뇌를 활성화한다. 손은 뇌에서 만들어진 사고에 의한 행동적인 명령에 따라 자연스럽게 반응을 일으켜 움직임으로 구현을 한다.

　손을 많이 사용하고 자유롭게 움직인다는 것은 그만큼 뇌 활성화에 도움을 주며 특히 엄지손가락의 비중이 높은 인간은 전두엽에 더 많은 자극이 가해진다고 보아야 한다. 그래서 손을 사용한다는 것은 최고

차원의 정신 기능에 자극을 주는 행위와 같으며 심리적 특징과도 필연적인 관계가 있다.

 특히 한국, 중국, 일본 등 동양 문화권에 속해 있는 나라들은 젓가락을 이용하여 식사하는데, 젓가락 사용 역시도 두뇌 발달에 한몫하고 있다고 보아야 한다. 그중 한국은 굵은 나무젓가락을 사용하는 것보다 가늘고 긴 쇠젓가락을 사용하기 때문에 더욱 두뇌 발달에 도움이 될 뿐만 아니라 세계적으로 머리가 좋다는 평을 듣고 있다고 하여도 과언이 아니다. 그러한 일련의 행위들 역시도 손을 사용하는 데 있어서 엄지손가락의 비중이 높다는 것을 알 수 있다.
 엄지손가락을 중심으로 나머지 손가락들이 협력하는 형태로 이루어지며 그중에서 엄지손가락과 검지의 비중이 아주 높다는 것을 알 수 있다. 엄지손가락의 비중만큼이나 엄지손가락의 지문도 매우 중요하며, 엄지의 지문 패턴과 그에 따른 각종 정보는 한 개인의 기질은 물론 행동적, 심리적 특성을 유추하는 데 있어서 유용한 도구로 활용함에 손색이 없다.

호문쿨루스- 펜필드가 작성한 감각 지도, KBS

우리의 신체 부분이 실제 보이는 크기가 아니라 숙련된 동작을 담당하는 정도에 따라 뇌 안에서 차지하는 비중이 다르다고 하였다. 위의 그림에서와같이 손이 차지하는 비중이 다른 어느 부위보다 크다는 것을 표현한 것이다. 손은 뇌에서 내려지는 명령을 가장 많이 수행하고 있을 뿐 아니라 밀접하게 연결이 되어 있어서 제2의 뇌라고도 한다. 뇌의 기능과 역할을 많은 부분에서 대신하거나 유기적으로 신호를 주고받으면서 상호 밀접한 관계를 이루고 있다.

(2) 태교가 지문에 미치는 영향

사람이 가지고 태어나는 바코드와 같은 지문 패턴 데이터는 누구와도 같지 않으며 심지어 쌍둥이도 다르다는 것을 알 수 있었다. 일란성 쌍둥이는 지문의 패턴은 유사하게 분포가 되어있는 경우가 많았으며, 이란성 쌍둥이 같은 경우에는 얼굴의 생김새도 다르지만, 지문의 패턴 역시도 많이 차이가 난다는 것을 알 수 있었다. 쌍둥이의 손가락 별 지문의 패턴은 같거나 다르다 하더라도 지문이 가지고 있는 특징적인 부분은 거의 비슷하였다. 예를 들어 각각의 손가락의 지문 융선 및 골의 흐름은 비슷하였다는 것이다.

열 개의 손가락은 기능과 역할이 제각각 다르고 힘의 균형 또한 차이가 있다. 손가락마다 새겨진 지문의 패턴 또한 열 개가 같은 패턴이 있는 사람도 있으나, 2가지 지문 패턴, 3가지 지문 패턴 심지어 6가지의 지문 패턴이 새겨진 사람도 있었다. 지문의 패턴이 다양하게 있는 사람과 한 가지 패턴만을 가지고 있는 사람을 비교하면 전혀 다른 심리적 특성이 있다는 것을 알 수 있다.

지문 패턴이 다양하게 많은 사람은 기질 역시도 다양함을 내포하고 있었으며, 한 가지 지문 패턴이 있는 사람들은 대체로 일관적인 특성이 있었다.

지문의 패턴은 유전형질에 의하여 만들어진다. 아버지의 50% 어머니의 50%를 받는다고 한다. 부모님의 유전형질은 또 각각의 부모로부터 유전형질을 받고 태어났다고 보면 된다. 지문의 패턴은 유전적인 형질에 의하여 결정됐다면 지문 패턴을 이루고 있는 지문의 융선, 즉 이랑과 같은 것들은 임신 기간에 태아의 손짓 발짓 때문에 양수의 파장이 일어나고 그 영향으로 인하여 형성이 된다고 한다.

임신 13주가 시작되면서 손과 발에 지문이 만들어지는 것은 물론 뇌도 함께 만들어진다고 한다. 임신 12주까지는 수정체로 분류하지만, 임신 13주가 되면 생명체로 분류하는 이유도 바로 거기에 있다. 엄마 배 속에서 10개월이, 태어나서 10년을 공부하는 것보다 중요하다고 한 것을 보면 그만큼 태교가 중요하다는 것을 엿볼 수 있는 대목이다. 특히 임신 기간을 통틀어 지문이 만들어지고 뇌가 만들어지는 13주~19주, 임신 4개월에서 6개월은 더더욱 태교의 중요성이 강조되는 시기이다.

실제 현장에서 만난 많은 사람 중에는 임신 기간 중 태교를 잘했다고 하는 사람의 자녀도 있었고, 그렇지 않았다고 하는 사람의 자녀도 있었다.

태교가 잘 되었다고 하는 사람의 지문은 패턴도 뚜렷하게 형성이 되어있고 융선 또한 끊어진 현상이나 흐트러짐이 없이 흐름이 좋지만, 태교가 잘 안 되었다고 하는 사람의 자녀를 보면 그와는 반대의 지문 패턴임을 알 수 있었다.

임신 기간에 음악을 듣고 책을 읽으며 행복하게 태교를 하였다고 하는 사람 자녀의 지문은 거의 융선의 흐름도 좋았을 뿐만 아니라 특히 무명지에 있는 지문은 중심부로부터 삼각 도까지의 지문 융선이 많고 선의 끊어짐 없이 뚜렷하고 명확하였다. 물론 태교가 잘 되었다고 하는 사람은 집중력은 물론 자존감이 높아 보였으며, 자신도 자신을 믿고 사랑하였다. 심지어 언어적 재능이 뛰어나 독서를 좋아하여 독서량이 매우 많았으며 책을 읽거나 말을 잘하는 특징을 가지고 있었다.

반면에 태교 시기에 불안감을 느끼거나 행복하지 않았던 사람들의 자녀는 불안 심리는 물론 자존감이 낮게 느껴지기도 하였으며, 집중력이 약해 보였다. 물론 지문의 융선 역시도 불안정해 보이거나 명확하지 않았다.

특히 엄지손가락 지문 패턴에 따라 더욱 그러한 현상은 강하게 나타났으며 오른손 엄지가 많은 비중을 차지하였다. 심지어 흔히 알고 있는 주의력 결핍 장애(ADHD)와 같은 증상을 나타내는 사람도 있었으며 매우 산만하여 잠시도 가만히 있지 않았다.

지문이 만들어지는 시기의 태교는 임신 기간 중에 더더욱 신경을 써야 하는 시기임에 틀림없다는 것은 물론 마음가짐도 매우 중요하다. 태교 과정으로 태아의 지문이 영향을 받는 만큼 각별한 주의와 필요성을 인식해야 한다. 한 개인의 인생에서 행복하게 살 권리를 얻는 것도 어떠한 생각과 마음가짐을 가지느냐에 따라 결정이 되기 때문이다.

6. 지문 패턴 데이터와 심리적 특성

히르슈와 슈바이처(W. Hirsch & Schweicher) 박사는, "진피층 혈관신경계의 배열 규칙에 따라 혈관의 신경계통이 손바닥과 손가락을 형성하며, 지문은 수정 후 3개월경부터 형성되기 시작하여 5개월경(임신 13~19주 사이)에 완성되며, 이렇게 형성된 지문은 사람의 인격적 특징과 필연적으로 관계가 있음을 발견했다."라고 하였다.

인격적 특징이라고 하는 것은 한 개인이 표현해내는 행동적인 특성과 같은 양상을 띠고 있으며 그 행동적인 특성은 결국 어떠한 생각과도 같은 심리적인 부분이라고 볼 수도 있다.

심리(心理), 즉 '마음의 작용과 의식의 상태'라고 하는 사람의 생각을 만들어 내는 바로 그것이 심리라고 보아도 좋을 것 같다. 혹자들은 심리 또는 마음이 있는 곳을 예전에는 가슴에 있다고 보았으나 최근 들어서는 뇌에 있다고 주장하는 사람들이 많아졌다.

생각이라고 하는 것이 의식의 상태라고 하듯이 의식이란 깨어있는 상태에서 일어나는 현상이다. 깨어있는 일상적인 행위 또는 그 행위에 따라 일어나는 일 모두가 의식이 있는 그 자체인 것이다.

그 의식에 의해 반복적인 생각도 하고, 반복적이고 지속적인 생각은 습관으로 자리를 잡을 수밖에 없다. 이렇듯 의식의 상태는 사람이 가지고 있는 행동 특성, 즉 인격적 특성이라고 보아도 될 것 같다.

사람의 행동적인 특성은 깨어있는 상태에서 뚜렷하게 관찰할 수 있으며 한 개인을 평가하거나 이해할 때 주로 다루고 있다. 반면에 잠을 자는 무의식의 상태도 있기는 하지만 그 무의식의 상태에서는 어떠한 행위를 하거나 행동적인 특성을 표출하거나 하지는 않는다.

그렇다면 의식의 상태에 따른 심리를 알면 사람의 생각과 개인의 특성을 알 수 있지 않을까? 어떠한 생각을 가지고 살아가느냐가 의식 상태라고 보면 되지 않을까?

사람이 가지고 있는 의식은 한순간에 나타났다가 사라지거나 전혀 다른 방향으로 바뀌거나 하지는 않는다. 물론 후천적인 환경 내지는 교육과 같은 인위적인 방법도 작용한다.

후천적인 부분의 의식 변화 역시도 선천적으로 타고난 부분을 근간으로 하여 만들어지거나 굳어진다고 보아야 한다. 여기에서 이야기하는 의식의 상태라고 하는 것은 좋고 나쁨의 척도를 논하는 것이 아님을 분명히 밝혀둔다. 의식의 상태는 곧 성격 심리와 같은 심리적 특성으로 볼 수 있다.

개인의 심리적 특성을 알아보기 위한 도구는 많다.『지문은 알고 있다』의 저자 리처드 웅거(Richard Unger)는 "모든 인간의 손에는 지문이라고 하는 유일무이한 무늬가 새겨져 있으며, 그 모양은 심리학적으로도 유의미한 방식으로 해석될 수 있다."라고 이야기한다.

또한, 지문을 통해 성격 심리를 제대로 알기 위해서는 "하나의 지문을 해석하려고 할 때, 나머지 9개의 지문을 알지 못한다면 해석은 불

완전해지고 잘못된 결론에 이르게 될 것이다."라고 하였다.

물론 엄지손가락의 힘과 역할의 비중이 높듯이 엄지손가락의 지문에 많은 비중을 두고 있는 이유는 엄지손가락이 전두엽의 기능인 판단하고 결정하는 역할과 연관이 있다고 보기 때문이다.

특히 엄지손가락의 지문 패턴과 지문의 융선 모양 등이 가지고 있는 특징적인 부분은 성격 심리와 아주 많이 관련되어 있다고 보아도 무방하다.

다음으로 검지의 지문 패턴도 중요한 변수를 가지고 있으며 상당한 역할을 한다는 것을 알 수 있다. 그렇다고 하여 나머지 손가락의 지문 패턴은 별 역할을 하지 않는다고 보면 안 된다.

나머지 손가락 중에 있는 다른 지문 패턴 하나가 오히려 성격 심리에 많이 영향을 미치고 작용을 하는 경우도 흔히 있기 때문이다. 물론 지문 패턴에 따른 특징적인 부분에서 독특하고 강한 특성이 있는 경우에는 더욱 그러한 현상이 두드러지게 나타난다는 것을 알 수 있다.

하얀 백지 위에 빨간 점 하나가 어느 무엇보다 눈에 확 뜨이는 현상과 같다고 해야 할 것 같다.

구분	엄지	검지	중지	무명지	약지
왼손					
오른손					

지문의 패턴은 3가지 유형으로 분류하며 왼손 검지와 중지에 있는 패턴이 반대로 되어 있으며, 무명지와 약지에 원형의 패턴이 있다. 원칙주의적인 의식의 상태와 독특한 생각과 발상으로 새로운 것에 대한 모험을 좋아하며, 부지런하고 적극적인 심리를 가지고 있다.

구분	엄지	검지	중지	무명지	약지
왼손					
오른손					

지문의 패턴은 4가지 유형으로 분류하며 엄지손가락의 지문 중 왼손은 쌍기의 형태와 오른손은 원형의 패턴이 있으며, 왼손 검지 패턴 지문이 반기문이다. 창의적이고 독특하며 고지식한 생각을 만들어내는 의식의 상태와 무엇이든 생각하면 고집스럽게 완성하려는 원칙을 가지고 있는 심리적 특성이 있다.

구분	엄지	검지	중지	무명지	약지
왼손					
오른손					

지문의 패턴은 4가지 정도로 분류하며 엄지손가락의 지문은 물결무늬와 같은 패턴을 보이지만, 나머지 패턴은 원형도 있다. 내면의 활달하고 긍정적인 의식의 상태와 다르게 양손 엄지손가락의 지문 패턴은 전혀 다른 모습의 패턴이다. 엄지손가락에 있는 지문 패턴으로 인해 적극적이거나 강한 성취감과 같은 도전적인 심리보다는 안정적이고 평온한 심리적 특징을 보인다.

구분	엄지	검지	중지	무명지	약지
왼손					
오른손					

지문의 패턴은 2가지로 분류하고 9개의 지문이 내파쌍기문의 패턴이다. 남들에게 포근하고 배려심이 좋은 의식의 상태를 가지고 있으며 신중하고 생각이 많다. 열 손가락의 대부분이 같은 유형으로 나머지 하나의 영향은 그리 많지 않으며 많은 생각으로 인하여 걱정과 우려가 큰 심리적 특징을 보인다.

　위의 상담 사례에서 손가락에 있는 지문 패턴에 의해 심리적인 특징을 유추하여 진행한 결과 패턴 유형에 따라 다른 양상을 보였으며 엄지손가락과 검지가 차지하는 비중이 높았다. 하지만 나머지의 손가락도 어떠한 지문 패턴이 있느냐에 따라 강하게 나타나는 경우도 있었지만 무의미한 경우도 있었다.

　지문 패턴에 따른 특징적인 부분에서 다음과 같이 정리하였다. 오른쪽에 있는 도표는 성격 5 요인에 맞추어 강하거나 약한 것을 나타내는 것이다. 물론 지문 패턴의 구성이 어떻게 되어 있느냐에 따라 혼합하여 해석해야 하며 때에 따라 다양하게 평가되어야 한다.

(1) 안정형

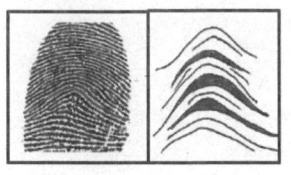 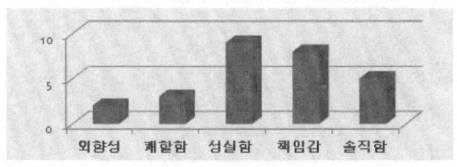

- 모범적, 평화적, 규칙적, 일관적

(2) 탐구형

 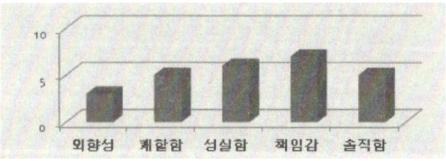

- 논리적, 분석적, 사무적, 계산적

(3) 감성형

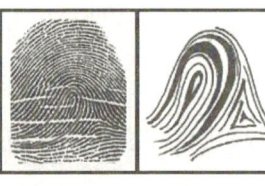 

- 낭만적, 감성적, 충동적, 질투심

(4) 창의형

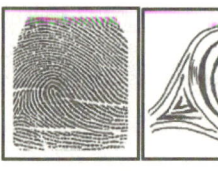  

- 창조적, 과학적, 모험적, 비판적

(5) 열정형

- 예술적, 적극적, 성취욕, 활동적

(6) 사고형

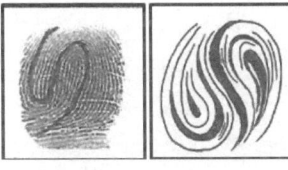
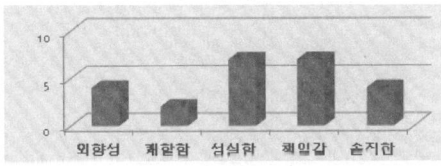

- 기획적, 배려심, 이해심, 소극적

(7) 관계형

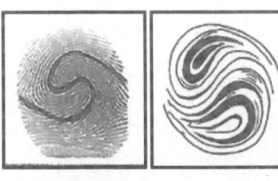
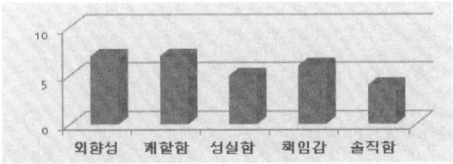

- 협력적, 상호적, 조정적, 관계적

(8) 현실형

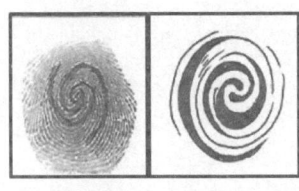
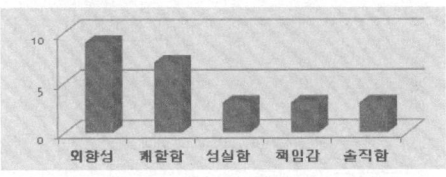

- 효율적, 실리적, 이기적, 전술적

(9) 주도형

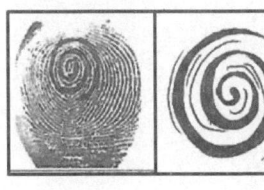
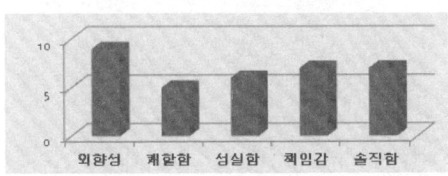

- 도전적, 권위적, 원론적, 중심적

(10) 원칙형

  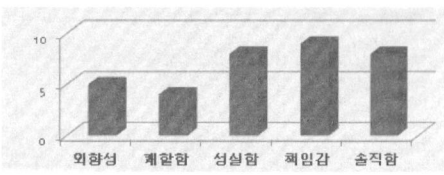

• 완벽함, 정확함, 계획적, 전략적

사람이 가지고 있는 심리를 알기 위해서 지문 패턴 데이터가 매우 유용한 객관적 자료로 활용할 수 있다. 물론 선천적으로 타고난 유전적 요소를 바탕이 분명 있다고 하지만 후천적이고 환경적인 부분도 간과할 수 없다.

교육과 환경 그리고 자신의 노력으로 많은 부분을 고칠 수도 있고 바꾸어 갈 수도 있다. 그러나 세상에 있는 모든 생명체는 변하지 않을 수 없다는 것이 진리이며 변할 수밖에 없다. 그 변하는 방향 역시도 타고난 선천적인 부분과 전혀 다르게 바뀌지 않기 때문에 본질은 그대로 있다고 보아야 한다.

선천적인 부분과 후천적인 부분의 옳고 그름의 문제보다 한 개인의 각종 특성을 이해하는 도구로 지문 패턴 데이터는 충분한 가치가 있으며 지속적인 연구와 노력이 필요하다 하겠다.

7. 지문의 활용 분야

(1) 적성검사에 활용

지문을 활용한 적성검사는 개인마다 고유한 지문의 패턴 분석을 통해 개인의 선천적인 성향을 파악하고 개인의 특성에 적합한 적성을 찾아 제공함으로써 보다 긍정적이고 행복한 삶을 살아가는 데 필요한 자료를 제공하여주는 객관적인 검사다.

적성검사 보고서에는 인격적 성향의 포인트와 특징, 인격적 성향의 행동적인 특성, 개인과 관련된 진로 적성 및 스트레스 원인이 분석되어 진로를 고민하는 대상에게 유용한 자료로 활용된다.

(2) 학습 코칭 검사에 활용

지문을 활용한 학습 코칭 검사는 개인마다 고유한 지문의 패턴 분석을 통해 개인의 선천적인 성향을 파악하고 개인의 특성에 따른 효율적이고 적합한 학습 방법을 제공함으로써 차별화된 코칭이 가능한 객관적인 검사다.

학습 코칭 검사 보고서에는 인격적 성향의 특징, 성격의 장단점, 성향에 따른 효과적인 학습 방법, 차별화된 지도 방법이 분석되어 효율적인 학습 방법을 고민하는 대상에게 유용한 자료로 활용된다.

(3) 관계성 검사에 활용

지문을 활용한 관계성 검사 보고서는 개인마다 고유한 지문의 패턴 분석을 통해 개인의 선천적인 성향을 파악하고 개인의 특성에 따른 적합한 대인 관계 방법을 제공함으로써 차별화 및 관계 향상이 가능한 객관적인 검사다.

관계성 검사 보고서에는 인격적 성향의 행동 특성, 스트레스 원인분석, 스트레스 해소방법, 효과적인 대화 방법 및 코칭 방법이 분석되어 원만한 상호 관계를 고민하는 대상에게 유용한 자료로 활용된다.

(4) 직무역량 검사에 활용

지문을 활용한 직무역량검사 보고서는 개인마다 고유한 지문의 패턴 및 배열 분석을 통해 개인의 선천적인 성향을 파악하고 개인의 특성에 따른 우수역량을 파악하여 직무적성 및 역량발휘에 적합한 진로설정 방법을 제공하여주는 객관적인 검사다.

직무역량 보고서에는 인격적 성향의 특징 및 행동 특성, 해당 분야의 관련 적성, 스트레스 원인 및 해소방법, 우수 재능의 특징, 역량분석에 의한 직업 분류가 분석되어 진로 적성과 직무적성을 고민하는 대상에게 유용한 자료로 활용된다.

제2장
지문 패턴의 분류

1. 지문의 유형별 분포

한국인의 지문 분포 및 비율 현황의 조사 내용에서도 알 수 있듯이 전체적인 지문 패턴 유형 중 정기문(Ulnar Loop)의 비율이 많이 차지하고 있다는 것을 알 수 있으며, 실제 현장에서 지문 패턴 데이터를 활용하여 상담을 해보면 거의 비슷하게 나온다는 것을 인정한다.

정기문의 행동 특성에서 살펴보면 흥겨워하고 빨리빨리 하는, 성격이 다소 급한 유형이다. 성격이 급한 유형이 많이 분포되어있는 한국인의 정서가 그대로 반영이 되어 있기 때문에 빨리빨리 민족이라는 꼬리표를 달고 있다고 본다.

또한, 우리 민족의 정서가 흥겨우면 막걸리 한잔에 흥 타령이 절로 나오는 흥겨운 민족혼을 가지고 있고 민기문의 행동 특성 또한 비슷한 양상을 보인다.

유럽 국가들의 지문 유형 중에는 호형문(Arches)의 비율이 우리나라에서는 3% 정도 밖에 나오지 않는 데 비해 30%에 가깝게 분포되어 있다고 한다.

호형문의 행동 특성은 차분하면서도 침착한 행동 특성과 조용조용하고 안정적인 유형이라고 볼 수 있다. 따라서 지문 패턴의 분포를 통해서 민족의 정서 또는 생활 방식도 엿볼 수 있다고 할 수 있다.

2. 손가락 별 명칭 및 순서

구분/순서	엄지/1	검지/2	중지/3	무명지/4	약지/5
왼손					
구분/순서	엄지/6	검지/7	중지/8	무명지/9	약지/10
오른손					

지문 적성검사에 필요한 결과를 산출하기 위해서는 편의상 왼손 엄지손가락 첫 번째로 하여 오른손 약지를 열 번째까지 순서를 정하였다. 위의 도표에 표기된 손가락 별 명칭과 함께 순서에 의한 번호로도 구분하였다.

3. 지문 패턴의 분류

대분류	지문 유형의 분류	성격 유형/순서	지문 패턴 1	지문 패턴 2
호형문 (弧型紋, Arch)	간단호 (Simple Arch)	안정형/1		
	텐트호 (Tented Arch)	탐구형/2		

지문 패턴의 분류 | 49

기형문 (箕型紋, Loop)	정기문 (Ulnar Loop)	감성형/3		
	반기문 (Radial Loop)	창의형/4		
두형문 (斗型紋, Whorl)	공작눈문 (Peacock's Eye)	열정형/5		
	내파쌍기문 (Imploding Loop)	사고형/6		
	쌍기문 (Double Loop)	권재형/7		
	나선형문1 (Double Whorl)	현실형/8		
	나선형문2 (Spiral Whorl)	주도형/9		
	환형문 (Concentric Whorl)	원칙형/10		

지문 분류에서는 대분류에 의한 분류에 근거하여 대분류와 지문 유형 분류 10개로 분류하였으며, 성격 유형 또한 10개의 유형으로 분류하였다. 10개의 성격 유형에 체계적인 관리 및 편의성을 위하여 지문 패턴의 순서에 따라서 성격 유형도 순서를 정하였다. 지문 적성검사와 관련된 모든 프로그램은 위의 순서를 적용하였다.

4. 지문 패턴의 분류 방식

지문의 패턴 분류는 다음과 같은 원칙과 방법으로 분석한다.

1. 지문의 전반적인 패턴의 대분류 및 그에 따른 10개의 지문 패턴과 변형 지문 등 지문의 모양과 형태로 분류한다.

2. 지문의 형태를 식별하여 대분류에 속해있는지 아닌지를 먼저 판별하고, 그 이후 10개로 분류된 지문 패턴과 비교하여 유사한 패턴을 찾아 분류한다.

3. 지문의 융선이 교차하는 부분에 삼각도가 있는가에 따라 분류한다.

4. 현실형, 주도형, 원칙형의 경우 손가락 중심부에 시작되는 부분의 융선의 형태가 한 개로 시작되었는지 또는 두 개로 시작되었는지, 원형인지에 의해 분류한다.

5. 감성형 지문과 창의형 지문의 경우 지문 꼬리 부분이 어느 방향으

로 흘렀는가에 따라 분류한다.

6. 사고형 지문과 관계형 지문의 경우 좌우 또는 위아래로 형태가 만들어져있는지와 함께 외부의 형태에 의하여 분류한다.

5. 지문 패턴의 분류에 따른 성격 유형

지문 패턴의 분류에 따른 성격 유형은 그동안의 연구 결과와 2만여 명의 상담 진행 과정 중에 얻어진 임상적인 데이터 산출물을 토대로 하였다. 『지문을 활용한 성격 탐색과 진로 적성에 관한 연구』논문을 발표하면서 얻어진 제언은 다음과 같다.

연구는 진로 적성을 고민하는 사람들에게 성격 탐색과 우수 재능에 대한 궁금증을 지문에 의한 분석 결과 자료를 활용하여 상담을 진행하였으며, 세부적인 내용에 대하여 신뢰도, 객관성, 타당성, 적합성 평가를 하는 데 연구 목적이 있었다.

연구의 결과를 종합해 보면 지문을 활용한 성격 탐색으로 성격 유형 분석과 함께 선천적인 잠재 성향과 우수 재능을 파악하여 진로 적성 상담에 필요한 자료로 활용할 수 있다고 하겠다.

성격 유형별 개인의 특성 및 장단점이 진로 적성 선택에 미치는 영향을 다양한 방법으로 분석하고 상담하여 의미 있는 결과를 도출하였지만, 몇 가지 제한점을 가지고 있어 연구 결과가 신중하게 해석되어야 할 것이다.

첫째, 분석 결과에 대하여 상담을 진행하고 자신이 직접 성격 보고서 내용을 읽어보고 나서 설문 조사에 응답하는 형태를 취했으나, 성격 탐색과 진로 적성에 대하여 정확히 이해하고 문항에 응답했는지 다소의 한계가 존재한다고 할 수 있다. 따라서 시간적 여유를 두고 더 많은 연구 대상을 통해 충분한 이해와 협조를 구하여 체계적이고 심층적인 후속 연구가 이루어져야 할 것이다.

둘째, 지문(피문)학적 이론에 근거한 패턴별 성격 유형에 따른 진로 적성에 관한 선행 연구가 많지 않으며, 단행본 책자 및 국내외의 자료를 근간으로 일선 현장의 상담 사례와 고찰을 통하여 평가하는 데 그쳤지만, 불특정 다수의 다양한 분야에 종사하는 많은 대상자를 통하여 통계적이고 과학적인 후속 연구가 필요할 것이다.

셋째, 지문을 활용한 성격 탐색과 잠재적 우수 재능은 선천적인 부분만을 평가하기 때문에 교육과 환경의 후천적인 영향에 의한 결과가 포함된 현재의 상태와는 차이가 있을 수 있다는 점이며, 차후 연구에서는 지필식 방법의 주관적 방법에 의한 결과와 함께 유사성에 대한 비교 검사도 이루어져야 할 것이다.

넷째, 진로 적성 평가에 참고적인 자료로 인정하지만, 분석 결과가 한 개인에 대한 전부로 해석되어서는 안 된다는 점이며, 무엇보다 중요한 것은 선천적인 것을 근간으로 하여 자신의 노력이 가장 중요한 변수

로 작용한다는 것이다.[7]

지문 패턴을 분류하고 분류된 패턴에 의해 성격 유형을 대입시켜 결과 보고서를 산출하여 내담자에게 건네주면 먼저 신기하다는 반응과 함께 의아스럽다는 반응을 보인다. 그러나 성격의 특성 및 행동 특성에 대하여 설명을 듣고 나면 반응이 달라진다. 어떻게 지문을 가지고 성격 분석이 가능하냐는 반응이다. 그리고 신기하게 잘 맞는다고 한다.

『지문은 알고 있다』의 저자 리처드 웅거는 이렇게 표현을 하였다. "지문은 신체의 비밀이며 인생의 지도."라고 표현하였으며, "인생의 지도 그대로 살아간다."라고 하였다. 수많은 사람의 손을 들여다보면서 얻은 필자의 생각 역시도 리처드 웅거의 생각과 똑같다. 사람의 성격을 분석하여 진로 적성을 평가하는 방법들이 많이 있으며, 지문을 활용한 성격 탐색 및 진로 적성을 상담하는 기법 또한 하나의 방법이다.

진로 적성 평가에서 성격을 파악하여 상담에 적용하기 위해서는 신뢰성, 타당성, 적합성, 객관성이 매우 중요하다. 지문을 활용한 방법은 어렵지 않게 상대방에 대한 정보를 얻어 객관적으로 이해할 수 있다는 것이다.

성격 탐색 및 진로 적성에 관한 일련의 과정들이 신중한 접근이 이루어져야 하며, 다양한 분석 자료를 활용하여 얻어진 결과를 토대로 참고해야 한다.[8]

---

7) 오세정(2014), 「지문을 활용한 성격 탐색과 진로 적성에 관한 연구」, 충남대학교 군사학과 군 상담 심리전공 석사학위논문, p.56
8) 오세정(2014), 전게서, p.57

지문을 활용한 성격 유형 분석에서 만족할 만한 결과를 가지고 있으면 다양한 분야에 적용가능하다. 성격 유형에 따른 장점도 찾을 수 있으며 행동 특성에 따른 스트레스 원인 및 진로 적성상담이 가능하다.

(1) 안정적 유형

1) 지문의 유형

물결이 흐르듯이 완만한 형태의 곡선을 이루고 있으며, 활 모양처럼 휘었다고 하여 궁형문(弓型紋) 또는 호형문이라고도 한다. 삼각도가 없는 특징을 가지고 있으며 완만하고 평탄하게 좌우로 펼쳐있다.

2) 성격의 특성

모범적, 전통적, 규칙적, 일관적, 계획적, 평화적, 준비성, 봉사심, 근면성, 안정적, 활동성 및 융통성 다소 부족하다는 특성이 있다.

3) 인격적 성향의 행동 특성

안정적인 마음과 온화하고 푸근한 심성으로 인정이 많으며 지속적이면서도 꾸준한 상태로의 현상을 원하는 유형이다.

보수적인 생활 습관으로 인해 엄격한 패턴의 전통주의적 사고하는 편이지만 융합 및 화합을 잘하는 유형이나. 모범직이고 기본직인 생활 습관을 잘 지켜 불필요한 행동은 자제하며, 정해진 규칙과 제도를 잘 지키기는 성향이고 타인을 이해하는 마음이 깊고 비밀을 중요하게 여겨 신중하고 조용하게 행동하며, 자신의 감추어진 내면의 감정을 표현하는 것을 어려워하여 대인 관계에서도 보수적인 법으로 사람들과 어울린다.[9] 전통주의적인 사고를 하고 있어 새로운 변화보다는 안정적이고 지속적인 생활 패턴과 평온한 미래에 대한 바람을 강하게 가지고 있다.

대체적으로 평온한 인상과 말수가 적어 조용하고 침착하게 행동을 하는 타입이다. 자신의 현재 상태에 대한 안정도 추구하지만, 자녀 혹은 미래에 대한 안정적인 생활을 원하는 유형이며, 불안하게 느껴지는 일상 또는 예상치 못한 모험과 같은 불편한 환경에 대하여 거부감을 가지고 있다. 불필요한 모험과 같은 도전보다는 심리적으로 안정감을 줄 수 있는 확실한 상태의 안전을 원하는 유형이다.

4) 직업적 특성

미래에 대한 막연한 불안함으로 변화무쌍한 비즈니스 업무보다 심리적, 경제적으로 안정적인 면을 추구하며, 조용한 가운데 세심하고 섬세한 신중함으로 정해진 규칙과 규범을 잘 준수하는 유형이므로 공무원 관련 종사자, 교육 관련 종사자, 복지 관련 종사자, 금융 관련 종사자, 일반 사무 종사자, 경리 관련 종사자, 사회봉사 관련 종사자, 보건의료 관련 종사자, 행정 관련 종사자, 문서 관련 종사자, 보안을 요하는 등 안정적인 준비성으로 결과를 만들어내는 직업이 어울린다.[10]

---

9) 오세정(2014), 『지문을 활용한 성격 탐색과 진로 적성에 관한 연구』, 충남대학교 군사학과 군 상담심리전공 석사학위논문, p.28
10) 오세정(2014), 전게서, p.29

(2) 탐구적 유형

1) 지문의 유형

솟은 활 모양 무늬에는 가운데에 삼각도 한 개와 천막 기둥처럼 되었다.[11] 천막의 기둥처럼 되어 있다고 하여 텐트호라고 부르기도 한다. 손가락 융선 가운데가 뾰족하게 솟아오른 거처럼 보이기도 한다.

2) 성격의 특성

논리적, 분석적, 사무적, 계산적, 이성적, 추론적, 수학적, 비판적, 계획적 전략으로 서술형보다는 단답식을 선호한다.

3) 인격적 성향의 행동 특성

새로운 일들에 대한 호기심과 관심이 많아 모험을 통해 탐구하려는 논리적이고 분석적인 유형이다. 진취적으로 도전하고자하는 적극성과 표현력이 뛰어나지만, 업무적인 측면에서는 사무적으로 일 처리를 하는 스타일이며, 논리적인 분석력과 육하원칙에 입각하여 일을 진행하고 결과를 얻어 내는 것을 잘하는 계산적인 유형이다. 개방적인 듯 보이기도 하지만 깊은 사고에 의한 분석적인 방식을 가지고 있어 본인 스스로 납득이 가지 않으면 수긍하지 않은 편이다. 사회생활이나 단체 활동에 적극적인 활동으로 계획적인 면을 보여주기도 한다. 추진력에 있어서도 계획성 있게 실천하는 신중함도 있지만, 낙전적인 면이 좋아

---

11) 리처드 웅거, 권인택 옮김. 『지문은 알고 있다』. 재승출판사. p.78

재미있는 유머 감각으로 주변 사람에게 인기가 좋다. 계획적으로 진행하고자 하는 일이나 전개되는 과정에 대하여 순서에 입각하여 처리하는 타입이다. 논리적이고 정교한 분석력을 가지고 체계적인 방법으로 이야기하고 정리하는 것을 잘하는 유형이다. 대인 관계에서도 합리적이고 타당한 근거를 바탕으로 설득해야 수긍을 하며 그렇지 않으면 논리적인 반박을 하는 편이다.

4) 직업적 특성

논리적이고 사무적이며 집행 처리 능력이 우수하여 도전 정신과 변화를 좋아하므로 목표에 대한 방향 전환 없이 자신의 흥미를 계속 유지할 수 있는 신선하고 활기찬 일이 적합하여 기능 관련 종사자, 전문직, 연구 관련 종사자, 경제 관련 종사자, 보건 의료 관련 종사자, 교육 관련 종사자, 기계 관련 종사자, 사업 서비스 관련 종사자, 회계 및 통계 관련 종사자, 금융 관련 종사자, 경영 관련 종사자, 행정 관련 종사자, 컴퓨터 관련 종사자, 품질관리 관련 종사자 등 논리적인 분석력으로 결과를 만들어내는 직업이 어울린다.

(3) 감성적 유형

1) 지문의 유형

말발굽 모양 형태의 지문이 손가락 중심부에서 시작하여 꼬리 흐름이 약지 손가락 방향으로 흐르며 반대쪽에 한 개의 삼각점이 있다. 육안으로 관찰하였을 때 손가락 중심 부위는 둥근 고리 모양처럼 시작하여 한쪽이 트여 있는 형태를 이루고 있다. 육안으로 보았을 때 꼬리 모양이 약지 방향을 향하고 있다.

2) 성격의 특성

감성적, 낭만적, 봉사심, 충동적, 자상함, 친근함, 즉흥적, 개방적, 질투심, 솔직함으로 성격이 급하다.

3) 인격적 성향의 행동 특성

감수성이 풍부하고 정서적 반응이 비교적 직선적이면서도 즉흥적으로 매우 솔직하게 표현하는 유형이다. 자유 분망한 표현과 방식으로 일을 처리하며 결정 및 판단은 빠르지만, 감수성이 풍부하여 민감한 편이기도 하다. 단체 활동과 화합을 중시하지만, 무엇인가를 결정할 때는 충동적으로 결정하기도 하여 손해를 입기도 하는 편이다. 자기 내면의 감정을 솔직하게 표현하는 것을 좋아하며, 자연스러운 표현과 여럿이 함께 어울리는 공동체 생활을 좋아하기 때문에 사회생활이나 대인 관계가 원만한 편이다. 생각 자체의 사고가 긍정적이고 다양한 분야에 관심을 두고 있어 타인과 이야기 나누는 것을 좋아한다. 다정다감한 표현 방식과 원만한 이해관계를 중시하여 친근감 있는 형태의 관계를 좋아한다. 부드럽고 자상한 행동과 언어로 상대의 입장을 고려하여 어울리지만, 계산적이지 않아 쉽고 즉흥적인 결정을 할 때도 있다. 낭만적이고 열정적인 가운데 흥겨운 분위기를 좋아하지만, 성격이 급하여 쉽게 또는 빨리빨리 일을 처리하고자 하는 급한 판단으로 후회하는 경우도 있다.

4) 직업적 특성

사람과의 만남을 좋아하고 일상생활을 즐기는 유형으로 넓은 대인관계를 바탕으로 인간관계를 형성하여, 개방적인 가운데 솔직하고 자연스러움 속에서 자신의 능력을 발휘하고 실력을 인정받을 수 있는 기술 관련 종사자, 판매 관련 종사자, 교육 관련 종사자, 디자인 관련 종사자, 문화 관련 종사자, 영업 관련 종사자, 사회복지 관련 종사자, 보건 의료 관련 종사자, 서비스 관련 종사자, 종교 관련 종사자 등 정서적인 솔직함으로 결과를 만들어내는 직업이 잘 어울린다.

(4) 창의적 유형

1) 지문의 유형

말발굽 모양 형태의 지문이 손가락 중심부에서 시작하여 꼬리 흐름이 약지 손가락 반대방향으로 흐르며, 그 반대쪽에 한 개의 삼각점이 있다. 육안으로 관찰하였을 때 손가락 중심 부위는 둥근 고리 모양처럼 시작되어 한쪽이 트여 있는 형태를 이루고 있다. 육안으로 보았을 때 꼬리 모양이 엄지 방향을 향하고 있다.

2) 성격의 특징

창의적, 창조적, 과학적, 낙천적, 실험적, 비판적, 추상적, 독창적, 관찰력, 모험적으로 남과 다른 발상과 상상력이 월등하다.

3) 인격적 성향의 행동 특성

창조적인 관점에서 새롭고 신비한 것에 대하여 바라보고 추적해 보는 것을 아주 잘하는 아이디어가 우수한 편이다. 사물에 대하여 관찰하고 추리하는 것을 좋아하고 개성이 강하여 풍부한 상상력을 통해 새롭게 구상하는 것을 잘하는 편이다. 독특하고 엉뚱한 질문과 생각으로 잘못된 부분을 잘 찾아내고 대안을 제시하여 엉뚱하다는 평가를 받기도 하지만 창작을 잘하는 유형이다. 독창적이고 창의적인 생각으로 남들과는 다른 반대적 사고를 하며 남다른 특유의 호기심을 바탕으로 과학과 같은 관찰력을 발휘하는 하는 분야에서 인기가 좋다.

엉뚱하고 독특한 질문이 다소 부정적으로 비추어지기도 하며 특이해 보일 수 있는 유형이다. 효과적인 칭찬과 진심 어린 자세로 내면의 상태를 이해하고 접근하는 것을 원하며, 고집이 세고 자기주장이 강하여 구속받고 얽매이는 것을 싫어한다.

추상적이고 자유로운 사고에서 비롯한 아이디어가 좋아 창조적인 대안을 가지고 접근하는 타입이다. 풍부한 생각과 모험심으로 다양하고 독특한 생각을 자주하므로 대인 관계에서는 스스로 부정적인 비판을 한다고 생각할 때도 있다. 다소 부정적이고 비판적인 행동과 생각은 자유로운 생각과 넘치는 아이디어에서 비롯되기도 하며 풍부한 상상력이라고 볼 수도 있다. 다양하고 풍부한 재능에서 비롯되어진 다양한 형태의 다재다능한 재능이 돋보이기도 하며 어디에서도 인기가 많은 유형이다.

4) 직업적 특성

창의성과 상상력을 기반으로 유머 감각과 톡톡 튀는 아이디어를 발휘하고, 창조력과 탁월한 감각적 발상으로 관찰력 등의 능력을 인정받으며, 일반적 규범과는 다른 생각과 방법을 동원하여 독특한 사고로 일을 처리하므로 기술 개발 관련 종사자, 문화 및 예술 관련 종사자, 조사 관련 종사자, 연구 관련 종사자, 연예 관련 종사자, 특수교육 관련 종사자, 경찰 관련 종사자, 창작 관련 종사자 등 창의적인 관찰력으로 결과를 만들어내는 직업이 잘 어울린다.

(5) 열정적 유형

1) 지문의 유형

좌우 삼각점이 각각 한 개씩 있으며 한쪽은 중심점에서 가깝고 다른 한쪽은 멀리 구성되어 있다. 'Whorl'형 또는 'Loop'형이 함께 어우러져 있는 모양처럼 보이는 경우도 있으며 전체적인 느낌이 독수리의 부리와 눈의 모양같이도 보인다. 손가락 중심은 'Concentric'형이나 'Spiral Whorl'형 등 다양한 형태로 되어 있으며, 지문의 중심부에서 시작되어 삼각점의 길이 또는 방향과 관계없이 분류한다.

2) 성격의 특성

설득력 강함, 긍정적, 예술적, 연설가, 성취욕, 열정적, 활동적, 유머 감각 우수, 욕심 많음, 부지런함, 이기적, 마음이 분주하다.

3) 인격적 성향의 행동 특성

열정적인 에너지와 긍정적인 생각에서 비롯된 생활 방식으로 추구하는 목표를 향해 최고의 노력으로 최선을 다하여 늘 부지런하게 활동을 하는 편이다.

긍정적인 생각에서 시작된 에너지는 자기 자신에 대한 강한 믿음과 신념으로 이어져 긍정적인 힘이 되기도 한다. 긍정적인 생활 습관과 굳건한 의지는 예술적인 감각과 자신감 넘치는 마인드로 일에 대한 욕심과 힘의 원천이 되기도 한다. 넘치는 에너지에 의해 활동력으로 이어져 두려움 없이 도전하고자 하는 자세가 매우 과감하기도 하다. 적극적이고 긍정적인 마인드에서 시작한, 마음에서 우러나오는 실천력이 우수하여 그 경험을 바탕으로 한 말의 설득력이 아주 좋은 편이다.

일상생활 및 단체 활동에서 처세가 뛰어나고 동기부여 및 분위기를 잘 이끌어 가며, 목표를 달성하고자 노력하고자 꾸준히 노력하는 유형이다.

의욕과 성취욕에서 넘치는 자신감으로 실행력이 좋으며 분위기에 따른 장단점을 빨리 파악하여 목표를 제시하고 실행한다. 다양한 방법을 동원하여 자신의 장점을 적극적으로 활용하고 상황에 따른 방법 및 과정을 적절히 잘 이끌어가는 수단이 있는 편이다. 원만하고 적극적인 자세와 끊임없이 노력하고자 하는 자세가 우수하여 일에 대한 욕심을 부리기도 하는 편이며, 바쁘게 움직이다가 갑자기 일이 없으면 불안해하기도 한다. 말의 설득력과 강단이 좋아 대중 연설을 통해 자기 생각을 전달하고자 하는 설득력이 매우 좋은 유형이다. 톡톡 튀는 개성과 화려하고 독특한 분야에 관심을 많이 가지고 있으며 관심 이상으로 다양한 분야에 욕심을 부리기도 한다.

4) 직업적 특성

적극적이고 능동적인 태도와 강한 열정과 긍정적 마인드가 좋으며, 활동적인 에너지로 전문가의 길을 추구하며, 자기 관리 기법과 상대를 설득하는 화술이 좋아 창조적이고 예술적인 능력을 발휘하는 문화 및 예술 관련 종사자, 교육 관련 종사자, 경영 관련 종사자, 무역 관련 종사자, 일반 사무 종사자, 연예 관련 종사자, 방송 관련 종사자, 종교 관련 종사자 등 대중에게 인기를 얻으며 열정적인 설득력으로 결과를 만들어내는 직업이 잘 어울린다.

(6) 사고적 유형

1) 지문의 유형

삼각점이 좌우 한 개씩 두 개가 있으며 삼각점 안쪽으로는 'Loop'형 두 개가 상하로 얽혀 있는 모양을 갖추고 있다. 지문이 형성되어 있는 외곽의 형태는 둥근 원형을 이루고 있다.

2) 성격의 특성

협력적, 배려심, 이해심, 원만함, 포근함, 헌신적, 사려 깊음, 갈등을 피함, 자료 수집 전문, 다양한 생각, 발표를 꺼림, 결정력 부족하다.

3) 인격적 성향의 행동 특성

　배려해주고 도와주려는 마음이 헌신적인 자상함으로 나타나며 상대에게 친근하고도 섬세한 유형이다. 다양한 상황에서 대처하면서 차분하고 신중한 가운데 이해심이 좋아 원만한 관계를 형성하려고 하는 타입이다. 목표한 것을 이루기위해 말없이 묵묵히 최선을 다하며 협력 및 협조를 잘하여 마음의 씀씀이가 깊어 보이기도 한다.

　충돌을 일으키거나 대립하는 것보다 긍정적인 방향으로 이해하고 스스로에 대한 자기반성을 감수하기도 할 때도 있다. 사려 깊은 생각과 신중한 사고로 희생정신을 발휘하기도 하며 협조하고 도와주는 것을 잘하여 어디서나 원만하다는 평을 듣기도 한다. 자신이 생각하고 있는 것에 대하여 강하게 고집을 내세우기보다는 다수의 의견을 존중하여 따르는 편이다.

　무엇인가를 결정하고자 할 때에는 아주 많이 망설이고 고민을 하여 결정력이 약하고 떨어진다는 평을 듣기도 한다. 생각이 많고 다양한 방식의 고민과 걱정을 자주 하여 머리가 자주 아프다고 할 때도 있다. 누군가가 부탁하고 요청하면 상대의 입장을 최대한 배려하여 쉽게 거절을 못 할 때가 자주 있는 편이다.

　소탈하고 긍정적인 삶의 태도와 부드러운 사고방식으로 조용한 가운데 묵묵히 최선을 다하는 호의적이면서 타협적인 상호 보완적인 관계를 좋아한다.

4) 직업적 특성

긍정적인 사고와 원만하고 부드러움으로 조용한 가운데 상대의 입장에서 이해하고 배려하며, 독단적으로 나서기보다는 목표한 것을 이루기 위해 말없이 최선을 다하는 종교 관련 종사자, 보건 관련 종사자, 기능 관련 종사자, 상담 관련 종사자, 사무 관련 종사자, 기술 개발 종사자, 통계 및 회계 관련 종사자, 수집 관련 종사자, 금융 관련 종사자 등 신중하고 섬세함으로 결과를 만들어내는 직업이 잘 어울린다.

(7) 관계적 유형

1) 지문이 유형

삼각점이 좌우 한 개씩, 두 개가 있으며 삼각점 안쪽으로는 'Loop'형 두 개가 위아래로 얽혀 있는 모양을 갖추고 있다. 지문이 형성되어 있는 외곽의 형태는 바깥으로 퍼져 있다.

2) 성격의 특성

포용력, 협력적, 이해심, 편안함, 조정자, 중개자, 배려심, 포근함, 여행을 좋아함, 갈등을 피함, 자료 수집 전문, 다양한 생각, 집중력 부족, 결정력 다소 부족하다.

3) 인격적 성향의 행동 특성

다양한 분야에 관심과 호기심을 많이 가지고 있는 유형으로 여러 분야의 정보 수집 및 상황 판단에 대한 이해를 잘한다. 서로의 입장에 대한 이해력이 좋아 협력적인 관계에서 협상하는 것을 재미있게 받아들여 중립적인 관점에서 중재 역할을 잘하는 편이다. 중간의 입장에서 책임감을 가지고 상호 존중하여 조정 및 중개를 통해 갈등 해결 또는 소통을 잘 이끌어 내는 유형이다. 상황에 따른 적응력이 좋아 새로운 것을 쉽게 받아들이기도 하며 누구나 부담 없이 원만하고 협조적인 관계를 유지해 나간다. 단체 생활의 소속감 또는 협동심을 중요하게 여기며 타인을 도와주고 보살펴주고자 하는 봉사심이 좋아 주변에 인기가 많다. 다정다감한 말투와 상대를 배려하고 이해해주고자 하는 포용력이 좋아 협상 또는 타협을 아주 잘하는 편이다. 누구든 강한 거부감이 없이 원만하고 둥글둥글한 융통성을 가지고 있어서 단체 및 조직의 중추적인 역할을 잘 수행해 인기가 좋은 유형이다. 상반된 여러 입장을 동시에 공감하면서도 중간적 위치에서 균형적 관계를 만들어내고 협상력을 발휘하는 조정자 역할을 잘하는 유형이다. 상대에 대한 배려와 협력이 좋은 반면에 확고한 결정과 거절이 약하여 우유부단하게 느껴지기도 한다.

4) 직업적 특성

전체를 조합하고 조정하는 능력과 원만함으로 협상력이 좋기 때문에 참모와 같은 조력자적 역할 및 협력이 요구되는 중개와 외교의 효율성이 강조되는 영업 및 판매 관련 종사자, 무역 및 사무 관련 종사자, 기술 관련 종사자, 여행 및 안내 관련 종사자, 교육 관련 종사자, 서비스 관련 종사자, 사회복지 관련 종사자, 사업 서비스 관련 종사자, 행정 관련 종사자, 종교 관련 종사자, 각종 단체 활동 관련 종사자 등 다협적인 협상과 협력으로 결과를 창출하는 직업이 어울린다.

(8) 현실적 유형

1) 지문의 유형

삼각점이 좌우 한 개씩 두 개가 양쪽으로 있으며 손가락 중심점에는 융선 두 개가 달팽이 모양처럼 시작된다. 전체적으로는 외부의 형태가 원형을 이루고 있다.

2) 성격의 특성

효율적, 현실적, 실리적, 계산적, 이기적, 처세술, 적응력, 순발력, 다양성, 임기응변, 대처 능력, 판단력, 마무리와 집중력이 다소 약하다.

3) 인격적 성향의 행동 특성

환경에 대한 적응력이 우수하여 폭넓고 다양한 방법을 동원하고 적절히 활용을 잘하는 유형이다. 어떠한 상황에 대처하는 방법에서는 현실적이고 실리적인 판단으로 실수 또는 손해를 최소화하는 재치 있는 판단을 한다. 스스로 결정하여 목표를 설정하면 추진력이 좋아 실용적이고 효율적인 방법을 통해 결과를 잘 만들어낸다. 다양한 분야에 관심과 여러 가지에 욕심이 많아 한 분야에 집중하기보다는 한꺼번에 여러 개 또는 여러 일을 수행하는 경우가 종종 있다. 임기응변과 순발력이 뛰어나 상황에 따라 목표 또는 방향을 빠르게 수정하는 판단력이 좋은 편이다. 실리적인 계산으로 실익을 평가하고 판단하기 때문에 때로는 자기중심적 행동과 같은 이기적인 면이 비추어지기도 한다. 한 분야에 대한 집중력보다는 다양한 분야에 대한 다양성을 가지고 있기 때문에 마무리와 집중력이 다소 약해 보기도 한다. 상황에 대한 처세술과 임기응변이 좋아서 도전에 대한 두려움도 많지 않은 편이다. 다양한 방면에 관심이 많아 주변 사람 누구와도 쉽게 친해지고 폭넓은 활동으로 토론하고 협상하는 것을 좋아한다.

4) 직업적 특성

원칙적이고 융통성이 없는 것보다 효율적인 방법으로 관계를 형성하여 목표에 대한 결과를 만들어내며, 임기응변과 현실적 대처 능력이 폭넓고 다양하여 재치와 테크닉을 발휘하는 경영 및 중개 관련 종사자, 금융 및 영업 관련 종사자, 서비스 관련 종사자, 법률 관련 종사자, 경찰 관련 종사자, 보건 의료 관련 종사자, 교육 관련 종사자, 재무 관련 종사자, 문화 예술 스포츠 관련 종사자 등 실용적인 처세술로 결과를 만들어내는 직업이 잘 어울린다.

(9) 주도적 유형

1) 지문의 유형

삼각점이 양쪽으로 각각 한 개씩 두 개가 있으며 손가락 중심점이 소용돌이치는 것처럼 나선 모양으로 되어있다. 중심부에서 시작된 나선형의 융선이 일정한 간격을 유지하여 한 줄로 소용돌이진다.

2) 성격의 특성

책임감, 집중력, 혁신적, 추진력, 이기적, 승부 근성, 목표 지향, 기본을 중시함, 빠른 결과, 자존심 강함, 자기 관리 탁월, 독불장군, 책임감 강함, 집중력 강함, 흑백논리, 단순함, 배려심이 약하고 자기중심적이다.

3) 인격적 성향의 행동 특성

목표가 정해지면 철저한 준비와 계획을 통해 책임감을 가지고 최선을 다하는 아주 적극적인 자세와 행동이 돋보이는 유형이다. 일을 진행하는 추진력과 집중력이 좋아서 어떤 측면으로 보면 자기중심적인 독불장군과 같이 보이기도 한다.

그러한 강인한 자기중심적 자존심은 때로는 경쟁심을 불러일으키고 강하고도 목표지향적인 의지로 이어져 주도적인 이미지를 더욱 확고하게 만들기도 한다.

주도적이고 자기 관리에 탁월한 타입으로서 고집스러운 승부 근성과 함께 실천력이 아주 우수하기도 하다. 확고한 신념에서 나오는 결단력과 문제에 대한 해결 능력은 기본을 중시하는 원칙과 흑백논리에 입각한 자기중심적인 면으로 보인다.

다양한 분야에 대하여 관심을 두기보다는 자신이 진정으로 좋아하고 관심있는 한 분야에 몰두하는 유형이기 때문에 어떤 측면으로는 단순해 보이는 때도 있다. 단순하고 방법으로 고집스럽게 집착하고 노력하기 때문에 관심 분야에 집중력은 아주 강하게 나타난다.

조직을 이끌어가고 또는 단체 활동에서 리더십 발휘와 같은 일들은 잘하지만, 자상하고 세심한 배려는 약한 편이다. 자존심이 강하고 사람을 쉽게 믿지 않지만, 한 번 맺어지면 의리를 중요하게 여겨 지속적인 관계를 좋아하는 편이다. 감성적이고 부드러운 호소력에는 마음을 열고 들어주며 어떤 측면에서는 눈물이 많게 보이는 특징도 있다.

4) 직업적 특성

독립심이 강하고 존중받는 것을 좋아하여 확고한 방향성과 적극적인 행동으로 결과에 대한 도전적인 목표를 즐기며, 투철한 의지와 자기신념을 바탕으로 책임감을 발휘하는 독립 창업자, 경영 관련 종사자, 법률 관련 종사자, 스포츠 관련 종사자, 교육 관련 종사자, 경찰 및 소방 관련 종사자 등 리더십과 승부 근성으로 결과를 만들어 내는 직업이 잘 어울린다.

(10) 원칙적 유형

1) 지문의 유형

삼각점이 좌우로 한 개씩 두 개가 있으며 손가락 중심 부위에 형성된 융선 중심 부위에 원형을 뚜렷하게 이루고 있다. 원형을 이루고 있는 융선이 전체적으로 한 개씩 또렷하게 떨어져서 개별적인 원을 형성하고 있다.

2) 성격의 특성

원칙적, 완벽함, 정확함, 뚜렷함, 확고함, 정직함, 추진력, 도전 정신, 완벽주의, 전략가, 자존심 강함, 솔직하다, 책임감 강함, 경쟁심 강함, 보수적인 강박관념과 마음의 여유가 부족하다.

3) 인격적 성향의 행동 특성

원리 원칙적이고 완벽함을 내세워 정확하고 확고한 상태의 것을 추구하는 유형이다. 책임감이 워낙 강하여 목표가 세워지면 수단과 방법을 다하여 최선을 다하고 결과를 향해 돌진하는 스타일이다. 독립심이 강하고 자제력이 뛰어나 공과 사를 분명하게 구분하며 자신에 대한 엄격한 잣대를 가지고 목표를 향해 돌진하는 유형이다. 목표 지향적인 추진력과 약속에 대한 철저한 믿음을 가지고 있으며 확고한 신념의 소유자이다. 강제성을 띠는 사람에게는 반발하고 반항적이며, 솔직하고 정직한 상호 관계에서 신뢰 구축을 매우 중요하게 여기는 편이다.

상호 교류적인 측면보다는 자신이 직접 사람을 선택하며 솔직하고 미래 지향적인 도전과 책임감이 우수하여 옳다고 느끼고 판단하면 무조건 앞장서서 실행하는 것을 잘한다. 확고하고 정확함에 대한 강박관념이 있어서 다소 보수적으로 보이기도 하며 단순한 면도 있다. 완벽함 또는 확고함과 같이 매사에 철두철미함을 강조하기 때문에 마음의 여유가 필요하기도 하다. 자신에 대한 엄격한 잣대와 철저한 자기 관리로 인해 흐트러져 있는 것에 대하여 이해하고 배려하는 자세가 다소 약하기도 하다. 완벽함에서 비롯된 생활 습관은 원을 하나 그리더라도 정확한 둥근 원을 그려야한다는 고집스러운 원칙을 가지고 있다.

4) 직업적 특성

　핵심을 파악하여 계획을 세우고 목표를 달성하기 위해 솔선수범하며, 철저한 약속준수와 노력으로 실수를 줄여 자기 관리 능력이 탁월하고, 성실하며, 명예와 인내심을 발휘하는 기업 경영 관련 종사자, 보안 서비스 종사자, 법률 관련 종사자, 스포츠 관련 종사자, 경찰 관련 종사자, 소방 관련 종사자, 금융 관련 종사자, 사회복지 관련 종사자 등 원칙과 사명감으로 결과를 만들어내는 직업이 잘 어울린다.

제3장
학습 유형과 지도 방법

학습 유형은 성격 유형 분석으로 분류를 하였으며 행동 특성과도 거의 비슷하게 느껴지기도 한다. 성격 유형에 따른 다양한 형태의 특성들을 통해 학습 유형을 분류하였다. 학습 유형은 대인 관계적인 면으로 비추어지기도 하며 그러한 관계 속에서 효과적인 학습지도 방법을 찾아서 대안을 제시하였다. 학습지도 방법은 한 개인에게 효과적인 코칭 방법으로 학습뿐만이 아니라 일상적인 생활에서도 그대로 적용된다고 보면 된다. 대인 관계에 있어서 본인이 희망하는 것이기 때문에 적극적으로 반영하면 스트레스를 줄여 주고 즐겁게 반응을 하며 따른다.

학습지도 방법에는 성격 유형에 따라 어떤 사람은 한가지의 유형이 효과적이기도 하지만 여러 가지의 방법이 적용되어야 효과적인 사람도 있다. 여러 가지 유형을 띠고 있는 사람은 성격 유형이 강하게 나타나 있는 우선순위를 두고 적용을 하면 된다. 간혹 여러 가지 유형이 복합되어 있지만, 그중에 특별히 강조해야 효과적으로 좋은 유형도 있다. 모든 사람에게 "칭찬은 고래도 춤을 추게 한다."라는 말이 있다. 그러나 그 속담에서처럼 누구나 효과적이라고는 볼 수 없다. 학습지도 방법에서는 각각의 유형별로 핵심적인 방법 한 가지 또는 두 가지에 집중하여 설명하였다. 학습 코칭 역시도 간단한 방법으로 적용이 가능하다. 간단하고 쉽게 몇 가지 핵심적인 단어만 기억하여 적용하여도 효과는 아주 크다.

1. 원론 학습이 필요한 안정형

(1) 원론 학습 유형

　안정형의 학습 유형은 성격 유형에서도 차분하고 조용한 안전 그 자체를 선호하는 특성이 있기 때문에 적합한 학습 유형은 원론적으로 지도하는 학습 방법이 효과적이라 할 수 있다. 원론 학습은 한꺼번에 많은 욕심을 부리지 않고 차근차근 계단을 밟고 올라가는 심정으로 이루어져야 한다고 보면 된다. 무리한 욕심으로 여러 가지를 주입하려고 한다든지 여럿이 모인 단체 학습은 오히려 부담감으로 효과가 반감이 될 수도 있다.

　매사의 태도나 행동이 신중하고 순리에 따라 움직이며 타인이 이야기한 것이 자기 생각과 달라도 강하게 "아니오."라는 대답보다는 "예."라는 대답을 하는 원만한 유형이다. 새로운 환경과 분위기가 자주 변하는 것을 좋아하지 않고 편안한 것을 선호하기 때문에 처음 보는 사람을 만나거나 대중적인 장소는 좋아하지 않는다.

　사람을 깊이 있게 사귀는 것을 선호하고, 사람이 많은 것보다는 혼자 있는 것을 더 좋아하는 편이며, 자신의 감정과 느낌을 과장되게 표현하는 것을 별로 좋아하지 않는다. 일관된 생각과 행동으로 변함이 없어 보이며 혼자서 고민하고 해결하려는 특성이 있기 때문에 개인주의적으로 보이기도 한다. 새로운 환경과 색다른 분위기의 잦은 변화보다는 지속적이고 안정적으로 유지되고 평온한 가운데 꾸준한 것을 신호한다.

(2) 원론 학습 지도 방법

차분하고 조용한 환경에서 단계적으로 꾸준한 지도 방법이 적용되면 불안해하지 않고 잘 적응을 한다. 강압적이고 억압적인 방법은 심한 스트레스는 물론 심리적 안정에 별 도움이 되지 않는다는 것을 유념해야 한다. 어린 시절의 학습 습관이 평생을 좌우하는 경우가 많아 몰아붙이지 않고 천천히 지도하는 것이 효과적이다.

13세 이전의 기초 학습 습관을 바르게 들이면 성장 이후에도 지속하므로 좋은 습관을 지니도록 지도하는 것이 매우 중요하다. 모범적이고 규칙인 질서와 규범에 의한 단계적이고 구체적인 과제가 있는 학습 방법을 가지고 지도하면 효과적이다. 정해진 계획에 맞춰서 차근차근 학습하는 것을 편안하게 여기면서 잘 따른다.

혼자서 직접 알아서 해보라고 맡기기보다는 단계적인 계획과 목표를 설정해서 체계적으로 관리해주는 것이 좋다.
새로운 것을 가르칠 때에는 다른 사람과 비교하거나 부모나 교사의 욕심으로 인해 성급하게 진도를 나가는 것은 좋지 않다. 정해진 계획 및 절차에 따라 꾸준하게 움직이고 행동하고자 하며 차분한 분위기에서 체계적으로 관리해 주면 효과적이다.

본인 스스로 충분히 이해할 수 있도록 여유를 가지고 기다려주는 센스가 필요하며 강제적인 지도 및 학습을 진행하지 않도록 주의해야 한다. 성과 중심을 요구하여 성급한 결과를 얻고자 다그치거나 직접 알아서 해보라고 맡기기보다는 인내심을 가지고 꼼꼼하게 관리해 주는 것이 좋다.

2. 원리 학습이 필요한 탐구형

(1) 원리 학습 유형

논리적인 부분에 예리함이 특히 장점인 유형으로 수학적인 계산 방법과 논리적인 전개 과정을 매우 자신 있게 주장하는 유형이다. 스스로 판단하여 이해가 되지 않으면 따지고 드는 것을 잘하기 때문에 조금은 까칠해 보이기도 한다.

논리·수리 또는 자연현상 등 다양한 분야에 관심을 가지고 탐구하고자 노력하는 유형으로 분석력을 동원하여 문제를 해결한다. 논리 정연한 설득력이 우수하여 자신이 생각하여 옳다는 판단이 서면 강하게 자기 의견을 피력하여 관철시키려 한다. 추상적인 것도 논리적인 바탕에서 추론하고, 그것을 토대로 규칙적이거나 정형화 형태로 발전시키는 유형이다. 논리적이고 구체적인 계산 방식에 의해 문제를 해결하고자 하며 자신만의 추론적인 방법으로 검증도 하고 실험하는 것을 즐기는 유형이다. 논리적인 분석력과 육하원칙에 따라 일을 진행하고 추진력에서도 신중한 계획을 세워 체계적으로 실천하는 유형이다.

(2) 원리 학습 지도 방법

논리적이고 분석적인 부분이 우수한 유형으로 객관적이고 믿을만한 데이터에 의해 설득 또는 지도하지 않으면 강하게 반발하는 특징을 가시고 있나. 간섭과 지나친 관어보다는 구제직인 빙법에 의힌 타당성을 설명해 주고 지도하면 효과적이다.

스스로 흥미를 느끼고 공부할 수 있도록 동기 유발을 해주고 그에 대한 필요성을 인식시켜 주는 것이 중요하다. 공부에 대한 필요성을 설명할 때에도 왜 공부를 해야 하는지 근거를 가지고 논리적인 설득으로 접근해야 한다. 육하원칙에 의한 전개방식으로 논리적이고 타당성 있는 방법에 따라 대화하고 지도하면 효과적이다. 논리적인 토론과 합리적인 해결 방법에 대한 접근 방법을 가지고 공정하게 대하고 지도하면 효과적이다.

문제 해결에 대한 평가와 결과에 따른 충분한 보상을 통하여 능력을 지지해 주고 수긍해 주면 좋다. 자신의 의견과 일치 않는다고 다그치거나 무조건 따르라고 강요하면 심하게 반발하고 따지기 때문에 논리 학습의 지도 방법은 인내심을 가지고 차근차근 설명해주고 이해시켜야 한다. 논리적인 토론 학습 및 과제에 대한 추론 학습의 환경을 조성해 수면 매우 효과적이다.

3. 관심 학습이 필요한 감성형

(1) 관심 학습 유형

정서적인 감정에 정이 많아 동요가 잘되고, 대체로 원만한 스타일로 어디서나 잘 어울린다. 감성적인 성향에 관심 학습은 어릴 적 성장 환경이 매우 중요하게 작용을 한다.

즐겁고 부드러운 분위기에서 성장하면 흥겨워하는 외향성이 강한,

낭만적 스타일의 성향을 띤다. 그러나 반대로 강압적이고 억압적인 분위기에서 성장하면 매우 소극적인 내향성이 강한 유형이 된다. 그만큼 환경의 변화에 민감하고 가정환경 또는 양육자의 스타일이 중요하다.

감성적이고 낭만적인 감각으로 주변의 사람들로부터 칭찬과 인정받기를 바라며 타인과 비교를 싫어하고, 원만하고 흥겨운 유형이다. 자신의 내면에 가지고 있는 감정표현을 잘하고 경험 및 체험을 즐거워하며, 혼자서 있기보다는 여럿이 어울려 공유하는 것을 좋아하는 유형이다.

지속해서 반복되는 것에 실증을 빨리 느끼기도 하며 흥미 유발을 위한 새로운 것을 찾으려고 급하게 움직이는 유형이다. 충동적인 결정과 즉흥적인 결정으로 성격이 급하게 느껴지기도 하는 유형으로 실증을 빨리 느끼는 만큼 재미없는 것을 싫어한다.

(2) 관심 학습 지도 방법

경쟁적이고 억압적인 분위기와 강압적인 환경보다는 흥미 유발을 위한 활기찬 분위기를 조성해 주는 지도가 필요하다. 결과에 따라서 비교하고 다그치는 것을 싫어하며, 자상한 눈빛의 부드러운 대화를 하는 학습지도가 효과적이다.
한 가지의 핵심적인 문제만을 놓고 진지한 분위기에서 서로의 마음을 감싸주는 감성 터치가 좋다. 타인의 말과 감정에 동요가 잘되며 감동적인 언어와 스킨십을 통해 서로 공감을 형성하고 있다는 분위기를 조성해주면 좋다.

관심과 애정을 가지고 자상하게 보살펴주길 바라며 마음의 외로움을 알아차려 주는 것이 필요하다. 외롭다고 느껴지는 것이 스트레스로 작용하기 때문에 열 마디 말과 훈육보다는, 따뜻하고 사랑스러운 스킨십이 더욱 효과적이다. 꾸지람하고 나서도 말없이 꼭 안아주는 사랑스러운 스킨십이 감동과 자극을 준다.

사랑을 받고 있다고 느끼는 것 역시도 따뜻한 스킨십에서 비롯된다고 믿기 때문이다. 사랑스러운 스킨십은 거짓말을 하지 않게 만들기도 하며, 또한 솔직한 감정 표현을 하는 사람으로 만들기도 한다. 강의식 발표와 체험 활동 또는 단체 활동을 선호하며 장기간 이루어지는 학습보다는 짧은 시간에 집중하도록 하면 효과적이다.

실증을 쉽게 느끼는 이유는 성격이 다소 급해서 지루함에 대한 거부감과도 같다. 지루함을 극복하는 방법으로는 흥미를 느끼는 일에 참여하도록 만들어 주고, 짧은 시간의 활동 및 학습에 집중하도록 하는 것이다.

4. 칭찬 학습이 필요한 창의형

(1) 칭찬 학습 유형

창의성이 풍부한 사람의 행동적 특성은 폭넓은 상상력과 독특한 생각에서 비롯되는 자유 분망한 사고력이다. 자유 분망하고 독특한 생각이 과학적인 아이디어 또는 선구자와 같은 새로운 것을 창출하는 좋은 발상의 시작이라고 볼 수 있다.

　발명이나 새로운 것에 대한 창조는 과감한 도전에서 시작되고, 그 시작은 어느 누군가의 섬세한 관찰력과 아낌없는 후원이 있었기에 가능하다. 생각의 사고가 자유롭고 아이디어가 풍부하여 과감한 모험과 같은 상상을 아주 잘하는 유형이기 때문이다.

　창의적인 상상력과 창조적 생각으로 일반적인 사람과는 다른 시각으로 세상을 바라보고 판단하는 등 호기심이 아주 많은 유형이다. 주변의 관심에 대하여 민감하게 반응하고 자신에 대하여 충분히 이해하는 사람을 잘 믿고 따르는 유형이다. 자기중심적인 고집과 판단으로 다소 엉뚱하고 독특한 아이디어와 관찰력이 있으며 남다른 질문으로 관심을 끌기 때문에 튀어 보이기도 한다.

(2) 칭찬 학습 지도 방법

　칭찬 학습에 대한 지도 방법은 인내력을 가져야 되며, 세심한 관찰을 통해 철저히 이행되어야 효과적이다. 독특한 질문이나 특이한 생각에 대하여 무작정 칭찬보다는 핵심적인 것을 찾아 진지하게 진행해야 한다는 것이다. 핵심적인 칭찬 요소는 결과에 대한 칭찬도 중요하지만, 시작하여 진행된 과정 중에 남다른 생각을 한 것에 대하여 칭찬해주는 것이다.

　남다른 발상에 대하여 아낌없는 칭찬은 또 다른 훌륭한 아이디어로 발전되기 때문이다. 지속적인 관심 속에서 이루어지는 효과적인 칭찬

이야말로 독창적인 행동 특성으로 이어지기도 한다. 물론 독창적이고 비판적인 시각과 판단으로 인하여 자신에 대하여 다소 부정적이라고 생각을 하는 경우도 있으며, 부정적이라고 생각하는 것은 칭찬의 부재에서 비롯되기도 한다. 충분한 이해를 통해 칭찬이 이루어지는 것이 필요하다는 것이다.

독특한 개성을 이해해주고 고집스러운 의견을 충분히 경청해 주어 특별한 잘못이 없으면 적극적으로 도와주는 것도 필요하며, 우발적인 행동 특성 및 억지 주장에도 충분한 여유를 가지고 기다려주는 센스도 필요하다. 그러므로 강제적이고 억압적인 교육 방법보다는 자율적인 분위기에서 좋아하는 것에 집중하도록 배려해 주고, 그에 따른 충분한 보상이 있으면 효과는 더 크다. 엉뚱하고 돌발적인 질문에도 당황하지 않고 애정 어린 관심이 필요하며, 꼼꼼한 관찰을 통하여 감동적인 칭찬을 하여 주는 것이다. 학습 방법으로는 개별교수법 및 일대일 맞춤 교육에 의한 연구 등 과제 또는 원리에 대하여 고민하도록 하면 매우 효과적이고 좋다.

5. 개방 학습이 필요한 열정형

(1) 개방 학습 유형

열정적인 에너지와 넘치는 자신감이 우수하며, 적극적으로 참여하고 부지런하게 움직이고자 하는 유형으로 일 욕심이 많다. 일에 대한 욕심은 다양한 분야에 참여와 같은 관심과 의욕 또는 활동적인 행동 특성으로 나타난다.

활동적인 행동 특성에 따른 다양한 관심이 폐쇄되고 규칙적인 분위기보다는 자율적이고 즐거운 분위기를 더 좋아하게 만들기도 한다.

자율적인 가운데 욕심을 내기도 하고 경쟁도 하여 무엇인가를 쟁취하려는 특성이 있는 유형이며, 열정적인 행동과 긍정적인 생각으로 일상생활에 활력이 넘쳐서 부지런하게 움직이는 것이다.

부지런한 만큼 낭만적인 생활 방법을 찾아 자유로움을 추구하고 개성이 강하여 끼를 맘껏 발산하고 싶어 하는, 튀는 유형이기도 하다. 또한, 예술적인 감각과 언어적 전달 방식에 대한 표현력이 좋아 무대 체질인 면을 두루 갖추고 있는 정열적인 유형이며, 말의 설득력과 재치 있는 표현력으로 인하여 말로써 무엇인가를 쟁취하고자 하는 유형이다.

(2) 개방 학습 지도 방법

다양한 분야에 호기심 관심이 아주 많으며 화려하고 튀어 보이는, 자신의 모습을 드러내 보이고 싶어 하는 것에 대하여 개성을 적극 지지하고 인정해 주면 좋다. 색깔이 분명한 개성에 대하여 진심에서 우러나오는 열린 마음을 가지고 긍정적으로 인정하는 것이다.

긍정적인 측면의 솔직함을 가지고 있으며 마음을 털어놓고자 하는 것에 대해 지지가 필요하다. 허물없는 진솔한 대화를 통해 자신의 이야기를 많이 경청해주고 맞장구를 쳐주면 좋다. 또한, 대중 앞에 나서서 연설 또는 이야기하는 것에 대하여 성취감을 느끼기 때문에 적극적인 지원 및 인정을 해주면 스스로 동기부여가 되어 더욱 발전시킨다.

타인에게 비추어지는 자신의 모습에 대하여 크게 신경을 쓰지 않으며 개성이 넘치는 모습과 스타일도 긍정적으로 받아주고 충분한 이해를 해주면 좋다. 강한 개성은 적극적인 사회성과 활동적인 에너지와 같으며 진심에서 우러나오는 인정은 긍정적인 에너지로 발전되기도 한다. 긍정적인 면의 에너지는 예술적이고 정열적인 감각으로 표현되기 때문에 아낌없이 응원해 주면 좋다. 넘치는 에너지 발산을 적극적으로 응원해주면 강한 자신감 상승으로 대중 앞에 나서고자 하는 욕구가 강해진다.

강연 또는 무대와 같은 많은 사람이 모인 곳에서 강의 연설을 통해 성취감을 얻을 수 있도록 적극적으로 도와주고 후원해주면 좋다. 인정해준다는 것은 이해한다는 것과는 다르게 인격적인 부분의 진심 어린 마음에서 비롯되어 인간적인 교류 차원의 도와주려는 온전함이라고 볼 수 있다.

6. 격려 학습이 필요한 사고형

(1) 격려 학습 유형

신중한 생각에서 비롯된 지나친 배려심이 오히려 행동의 방해가 되기도 하며 무엇인가를 실행하기 위해서는 많이 망설이게 한다. 망설이고 고민하는 과정에서 과감한 결정은 늘 어려운 과제이기도 하며 결정에 대한 도움이 필요하기도 하다. 배려심이 좋은 행동 특성을 가진 유형이 결정에 대한 도움을 직접 요청하고 먼저 손을 내밀지는 않는다.

그러한 행동 특성이 있기 때문에 신중하게 고민하고 생각이 많은 것이다. 그래서 생각의 사고가 신중하고 깊어 자신의 감정에 집중하고 타인의 감정을 잘 이해해 주는 협조적인 유형이라고 한다.

또한, 폭넓은 이해심과 배려하는 마음으로 원만한 관계를 형성하고 협력을 잘하며, 단체 생활보다 혼자 있기를 선호하고 활동적이지 않다. 외향적이거나 앞장서서 나서지 않으며 어려운 문제도 혼자서 해결해 보려고 심사숙고하고 많은 고민을 통해 스스로 해결하려 한다는 것이다. 마음 씀씀이 역시 섬세하고 깊이 있는 생각 때문에 다소 소극적이며 자신이 원하는 것을 얻기 위해 과도하게 욕심을 부리지 않는다. 오히려 이해관계에서는 자신의 불편도 감수하는 협조적인 행동을 보이기도 한다.

(2) 격려 학습 지도 방법

타인에 대한 섬세한 배려로 인해 정작 자신이 원하는 것은 소홀히 하는 경우가 있어도 강하게 요구하지 않아 관심이 필요하다. 자기주장이나 자기 의견에 대하여 강력하게 주장을 하지는 않지만, 자상한 마음으로 격려해 주고 관심을 가지고 지켜봐 주면 자신감을 얻는다. 자신감 부족은 결정하는 데 시간을 끌고 단호한 거절이 어려운 이유가 되기도 한다.

원만한 이해관계를 소중히 여기는 마음에서 비롯되는 거절에서 결코 상대에게 피해를 준다는 인식을 버리도록 하는 것이 필요하다. 그런 행동적 특성이 집단생활보다는 혼자서 신중하게 고민을 하게 만든다. 고민에 대한 깊은 연결 고리를 끊도록 해주고 자신감 상승에 필요한 외부 활동 및 아낌없는 격려를 해주면 좋다.

또한, 외형적이지 않아 앞장서 나서는 것에 대한 부담감을 가지고 있어 조용한 가운데 꾸준한 발표 연습이 필요하며, 자신의 의견을 피력하고 자기 입장에 대한 강한 어필은 거절을 단호하게 할 수 있는 용기와 같다. 그러므로 진심 어린 마음과 자상함으로 보살펴주고 친근한 눈빛과 애정 어린 관심을 통해 소통하면 매우 좋다. 그렇지 않으면 자료 수집을 좋아하기 때문에 생각을 정리한 편지 또는 글로 적어서 마음을 전달하고 응원해 주면 쉽게 이해하고 효과적이기도 하다. 충분한 시간과 여유를 가지고 기다려주는 배려심이 필요하며 심하게 다그치는 등의 과격한 행동보다 친근하고 사랑스럽게 대하는 것이 좋다. 학습 방법으로는 속도에 맞추어 여유를 가지고 천천히 학습하며, 자상한 보살핌과 관심으로 발표 연습을 많이 시켜주는 것이 필요하다.

7. 교감 학습이 필요한 관계형

(1) 교감 학습 유형

관계 지향적인 행동 특성과 다양한 관심 속에서 상호 간에 교류를 통해 협력적인 대인 관계를 모색하는 것을 좋아한다. 상호 교류와 협력에 대하여 소신 있게 관계 지향적인 발전을 위하여 중간에서의 조정자 역할과도 같다. 대체로 합리적이고 협조적인 상황을 선호하여 모두에게 부드럽고 자상하게 다가가는 유형으로 상호 간의 의견에 대하여 적극적으로 존중하는 유형이다. 원만한 이해관계를 통해 서로의 감정에 충실하고 상대의 입장에서 해석하여 적용을 시키는 유형이다.

다양한 분야 및 특별히 관심을 가지는 것에 대하여 애착을 가지고 집중하지만, 반대로 쉽게 실증내거나 포기하기도 한다. 반면에 새로운 것에 대한 적응력과 융통성이 좋아 두루 원만하고 적극적인 대인 관계 형성을 잘해 나간다. 참신하고 부드러운 행동과 대처 방법으로 다양한 주제에 대한 수용성이 있는 긍정적인 유형이다.

(2) 교감 학습 지도 방법

상대의 입장 및 상황에 대하여 거부감 없이 적극적인 자세로 협력하며, 타인의 지시 역시 크나큰 하자나 문제가 없으면 잘 받아주기 때문에 관심을 가지고 조언해주면 좋다. 서로 존중해주는 이해심과 친근한 관계를 좋아한다는 것은 상대방에 대한 배려 깊은 마음 씀씀이에서 비롯되기도 한다. 관심도가 높고 흥미를 보이는 분야에 집중해 주는 것이 필요하며, 또한 성취감을 느낄 수 있도록 적극적으로 지지해 주면 좋다.

다양한 방면에 관심이 높지만, 마무리가 다소 약해 마무리 훈련 및 한 가지 일에 집중할 수 있도록 안내해 주는 것이 필요하다. 탄력적으로 생각하고 어디서나 적응을 잘하는 유형으로 공동체 학습을 통해 원만하고 대중적인 관계를 형성하도록 하면 효과적이다.

결정력과 거절에 대한 부담이 있어 결정에 대한 판단 또는 부담감을 가지지 않도록 하는 거절에 대한 습관을 들이도록 방향을 제시해 주는 것이 필요하다. 학습 방법으로는 토론식 수업 또는 체험과 과제 중심 학습을 통해 상호 간에 교감을 형성하고 꾸준하고 지속적인 간섭과 같은 관리가 필요하다. 관심은 상호 간에 교감을 이루는 소통의 시작이며, 지나치거나 과도하지 않은 간섭이 필요하다. 상호 협력적인 차원의 간섭을 결코 싫어하지 않으며, 또한 간섭이라고 생각하지 않고 오히려 친근하게 느끼기도 하며 잘 따른다.

8. 인정 학습이 필요한 현실형

(1) 인정 학습 유형

다양한 분야에 적극적인 참여로 인한 관심과 의욕은 활동적인 행동 특성과 욕심으로 표현되기도 한다. 그러한 외향적으로 비추어지는 행동 특성과 다양한 관심이 폐쇄되고 규칙적인 분위기보다는 자율적인 분위기를 더 선호하게 하기도 한다. 자율적인 생각은 원칙과 계획보다는 때와 시기에 적절한 현실적 방법의 쉽고 빠른 방향을 선택한다. 현실적 감각에서 비롯된 민첩성을 바탕으로 처세가 능숙하여 실속을 잘 챙기는 유형이다. 또한, 실리적인 면에서 계산적인 행동과 순발력이 우수하여 눈치 빠르게 움직이고 행동하는 등 상황 판단에 예리한 면을 가지고 있다. 재빠른 판단과 생각에 따른 움직임은 다양한 변수와 환경에서 적극적인 대처 또는 처세술로 나타나기도 한다. 강제적이고 억압적인 방법보다는 자연스러운 가운데 다양한 관심을 가지는 유형으로, 환경에 대한 적응력이 좋고 문제 해결에 따른 대처하는 자세와 순발력이 우수하여 능률적이고 효율적인 것을 좋아하는 유형이다.

(2) 인정 학습 지도 방법

다양한 분야로의 관심과 쉬운 접근 방식으로 인하여 자신감이 넘치기 때문에 한꺼번에 여러 가지를 하려고 하지만 한 가지에 전념하도록 해야 한다. 순발력과 대처 능력의 결과에 대한 결과 지향적인 부분을 적극 인정해주고, 상황 판단에 대한 대응 방법과 처세술 또한 인정하여 적극적으로 응원을 해주면 효과적이다.

새로운 것을 배우고 경험하는 등의 모험심에 대한 도전 정신을 지지해 주는 것 중요하다. 폭넓은 호기심으로 인한 다양한 부분에 관심은 욕심과도 같으며 여러 가지를 한꺼번에 하려고 하지만, 우선순위를 정하고 한 가지에 집중하여 마무리에 신경 쓰도록 꾸준한 습관을 들이는 것이 필요하다. 자신이 가지고 있는 다양하고 적극적인 도전 정신을 스스로는 우수하게 믿고 있기 때문에 인격적인 인정이 필요하다.

인격적으로 인정을 해주기 위해서는 집중력을 기르도록 적극적으로 권장하고 한 가지에 전념하는 습관을 들여 마무리에 신경 쓰도록 지도하면 좋다. 또한, 다양성이 우수하므로 여러 일을 한꺼번에 처리 또는 수행하려고 하지만 하나씩만 하도록 한다. 열린 마음에서 출발하는 인격적인 부분의 온전한 인정이 집중력을 발휘하게 하는 원초적인 힘이 되어 마무리도 잘하게 한다. 학습 방법으로는 주제별 토론학습 및 결과 지향적인 목표 설정 방법과 발표를 적극적으로 응원하고 인정해 주면 아주 효과적이다.

9. 존중 학습이 필요한 주도형

(1) 존중 학습의 유형

자기 주도적인 뚜렷한 주장과 소신으로 일관되고 굳건한 의지력을 가지고 있는 고집스러운 면을 가지고 있다. 강인한 정신력은 소신이 있는 행동적 특성을 보이기도 하며 자신이 옳다고 생각하면 무조건 밀어붙인다. 자기중심적인 면에서 위기관리 능력과 경쟁심에 의한 강한 승부욕은 목표 지향적이기도 하다.

독립적이고 책임감이 강하여 어떠한 과제를 주면 끝까지 최선을 다하여 임무에 대한 완성 및 만족을 이루고자 노력하는 유형이다. 자신이 좋아하는 관심 분야에는 수단과 방법을 동원하여 달성하고자 노력하시만, 기타 관심밖에 일들에 대해서는 무관심하고 단순한 것처럼 보인다.

철저한 자기 관리에서 비롯되는 행동 특성에 대하여 타인으로부터 비난 또는 무시당하지 않고 마음에 상처입지 않으려는 특징을 가지고 있다. 타인의 간섭과 지적을 싫어하는 만큼 한번 약속을 하면 집중력을 발휘하여 성취감을 얻고자 노력하여 신뢰 관계를 구축하는 유형이다.

(2) 존중 학습의 유형

자신의 의지와 판단을 굽히지 않으려는 일관성 있는 행동에 대하여 진심 어린 마음에서 존중해주는 학습 방법이 좋다. 다양한 분야에 관심보다 자신의 좋아하는 관심 분야에 집중하는 습관에 대하여 존중해 주고 간섭하지 않는 것이 좋다. 목표 지향적이고 투철한 의지력과 자기 관리 능력에 대하여 잔소리보다는 무조건 존중해 주면 효과적이다.

자존심이 강하고 뚜렷한 주관과 대인 관계에 있어 단순한 표현 방식에 대하여 이해하고 받아주면 좋다. 실수에 대한 질책 및 공개된 분위기에서의 창피는 금물이며 감정적인 호소를 통해 마음을 움직이면 효과적이다. 존중해 준다는 것은 사람을 높여주라는 것이 아니며, 인격적인 부분에서 마음을 온전히 이해하고 간섭 또는 잔소리하지 않는 것이다. 자존심과 신념이 강한 유형은 굽혀지는 것보다 깨지고 부러지는 경우가 더 많다.

과제 중심에서 문제 해결을 유도하는 경쟁적인 분위기 조성의 학습과 발표식 수업을 통해 자신의 의견을 피력하도록 하면 좋다. 강한 믿음을 전제로 진심에서 우러나오는 간단명료하고 심플한 대화와 인격적인 존중이 매우 효과적이다.

10. 신뢰 학습이 필요한 원칙형

(1) 신뢰 학습 유형

자기중심적인 고집과 원리 원칙적인 확고한 신념을 가지고 있으며 목표를 향해 흐트러짐이 없이 돌진하는 원칙주의 유형이다. 원칙에 따라 행동하고 완벽한 것을 추구하여 다소 고지식하게 보이기도 하지만 자신에 대한 확고한 신뢰를 매우 중요시한다. 흑백논리에 따른 정확하고 계획적인 생활 습관 및 행동 특성을 통해 자신의 의지를 확고히 하는 치밀한 유형이다.

독립적이고 책임감이 강하여 스스로 완전한 것에 비중을 많이 가지고 있으며, 어떤 일이 주어지면 임무 완성과 관련한 고집스러운 자신만의 방식으로 끝까지 최선을 다하는 유형이다. 정확한 것에 매우 민감하게 반응을 하고 정리정돈을 아주 잘하는 유형이기도 하다. 자신이 가지고 있는 원칙과 정직함은 약속에 대한 철저한 이행이라고 생각하여 목숨과도 같이 생각할 때도 있다. 목표 달성 또는 과제 수행 등을 통해 성취감을 느낄 때 학습 효과가 높아지는 유형이다.

(2) 신뢰 학습 지도 방법

믿음과 신뢰에 대한 강한 애착을 가지고 있기 때문에 자신의 행동도 정직하게 하는 유형이며 다른 사람한테도 역시 믿어주기를 원한다. 원칙적이고 계획적인 것에 대한 확실하고 분명한 행동에 대하여 온전한 믿음을 가지고 학습지도를 하면 효과적이다. 과제 수행과 임무 완성에 대한 강한 자신감과 의지력에 대하여 굳건하게 지지해 주고 믿어주면 최선을 다한다. 솔직하다는 표현을 좋아하며 정직하게 행동하려고 노력하기 때문에 간섭 또는 잔소리는 효과가 별로 없다.

헌신과 봉사, 투철한 사명감에 대하여 진심으로 마음을 열어 받아주고 믿어주면 효과적이다. 정의로운 생각은 물론 그에 따른 희생정신에 대하여 원칙의 잣대를 가지고 있기 때문에 적극 지지해주고 신뢰해 주는 학습이 필요하다. 문제 해결 능력 및 자기 관리에 대한 철저함이 있으며 특히 위기에 봉착해도 확고한 신념을 가지고 믿어주면 슬기롭게 극복한다. 자신을 믿어주는 사람한테 절대 실망과 후회를 주지 않겠다는 원칙을 가지고 있으며 진심이 통하는 신뢰 관계 형성이 매우 필요하다.

완전한 신뢰 속에서 한번 약속을 하면 끝까지 기다려주는 가운데 믿음이 절실히 필요하다. 과제 중심 학습 또는 계획적이고 꾸준한 신뢰 학습으로 확실하게 믿어주고 진지하고 솔직하게 대화하면 좋다.

제4장
성격 유형별 대인 관계 향상을 위한 방법

성격 유형을 살펴보면 다양한 행동 특성을 가지고 있다는 것을 알 수 있다. 성격 유형에 따른 다양한 형태의 행동 특성과 내면의 사고적인 부분들은 한 개인의 외부적으로 보이는 모습과도 같다. 외부적으로 보이는 모습과 행동 특성은 타인을 상대로 반응하고 대화하는 데 있어서 강점 또는 약점으로 작용한다고 볼 수 있다. 강점으로 작용하는 행동 특성이 누군가에게는 마음의 상처를 안겨 주기도 하고 스트레스를 줄 때도 있다. 또는 약점으로 작용하는 행동 특성은 당사자에는 원하고 의도하지 않는 콤플렉스와도 같다.

로봇처럼 획일화되어 있지 않은 사람은 그래서 '천태만상'이라는 표현으로 가지각색의 행동 특성을 표현하고 있는지도 모른다. 다양하고 복잡한 행동 특성들은 성격 유형이 내포하고 있는 각각의 고유한 특징적인 것들에 따라 미묘하게 얽혀 있다.

지문의 패턴에 의해 성격 유형을 분류하는 방법에 있어 복잡하게 구성된 유형과 간단하게 구성이 되어 있는 유형은 확연히 다른 행동 특성을 가지고 있다는 것을 알 수 있다. 성격 유형이 복잡하지 않은 사람의 행동 특성은 일관적이거나 지속적이며, 여러 유형이 복합된 사람의 행동 특성을 살펴보면 다양한 다혈질적인 기질을 가지고 있다는 것을 알 수 있다.

물론 지문의 패턴 역시도 한 가지 패턴이 열 손가락 모두에 분포되어 있는 사람도 있고, 열 손가락에 세 가지는 물론 네 가지 그 이상을 가지고 있는 사람도 간혹 만날 수 있다.

성격 유형이 다양하게 이루어져 있는 사람과 한 가지 유형의 일관적인 사람의 행동 특성은 대인 관계를 하는 데는 확연히 다른 양상을 띠고 있다는 것을 알 수 있다.

한 가지 유형의 일관적인 사람의 행동 특성은 일편단심과 같은 꾸준하고 지속적인 대인 관계와 함께 다소 보수적이다. 보수적인 사람의 행동 특성에서는 내향적인 조용함도 있으며 외부적으로 드러내고 앞장서서 나서고 싶어 하지 않는 차분함도 가지고 있다. 대인 관계에서도 먼저 다가가서 이야기를 걸지 않으려고 하고 은근하고 차분한 관계를 형성해가는 특징을 가지고 있다. 물론 성격 유형의 특징에 따라 다소 차이가 있다는 것에 유념해야 한다.

성격 유형에 따른 행동 특성이 외향적인 사람과 내향적인 사람에 따라 반응하는 정도와 대인 관계 형성이 다르게 표출된다. 성격 유형은 선천적으로 타고난 기질적인 부분을 가지고 있기는 하지만 후천적인 환경 및 교육으로 행동 양상이 변모해 갈 수 있다고 보아야 한다. 그러나 원초적인 부분의 선천적이고 기질적인 바탕을 토대로 하고 있으며 테두리를 벗어나 엉뚱한 형태로 변하지는 않는다.

다양한 형태의 지문 패턴을 가지고 있는 사람의 행동 특성은 주로 강하게 나타나 있는 성격과 내면의 잠재적인 성격 그리고 나머지 성격 등 모두 참고해야 한다. 그 다양한 형태의 성격 유형에 따라 대인 관계를 형성하는 데 있어서 적절하게 사용된다고 보면 된다. 주로 나타난 주 성격이 성향에 의한 관계 형성도 히지민 니미지 성격 또한 환경 및 상황에 따라 언제든지 표현되어 나타난다.

여러 가지 패턴 중에서도 특히 엄지와 검지의 패턴을 주의 깊게 살펴보아야 하며 간혹 아홉 개의 패턴은 똑같은데 나머지 한 개의 패턴이 다르면 그 역시도 비중이 많이 있다고 보면 된다.

대인 관계 향상을 위한 효과적인 관계성은 상대적인 부분을 많이 가지고 있기 때문에 상대의 성향도 중요하지만, 자신을 먼저 이해하는 부분에서부터 출발해야 효과적이다. 상대방은 좋아하는 것들이 정작 본인은 싫어하고 스트레스로 작용할 수 있기 때문이다.

1. 안정형의 관계 향상을 위한 방법

(1) 행동 특성과 스트레스 원인 및 해결 방안

안정형의 성격 특성상 안정적인 분위기 또는 평온한 환경을 선호하기 때문에 활동적이고 외향적인 것은 좋아하지 않는다. 외향적이고 활동적이지 않다는 것은 자신에 대하여 지나치게 과장된 표현도 하지 않지만, 능력을 내세우고 그러지도 않는다는 것이다. 앞장서서 대인 관계를 형성하는 것보다는 자연스럽게 이루어진 형태의 만남이 주어지면 차분하고 조용하게 적응을 한다는 것이다.

안정적인 환경에서 자연스럽게 사람들과 이야기하고 자기 생각, 감정을 말하고 싶어 하지만 원치 않은 환경에서는 스트레스로 작용한다. 심지어 억압적인 분위기 또는 위험스럽게 느껴지는 환경에 내몰리는 등 도전적이고 경쟁적인 것들에 대하여 좋아하지 않는다. 그러므로 대중적인 장소 또는 낯선 환경에서 스스로 해결해야 하는 과제와 실적에 대하여는 심리적 부담으로 작용한다.

(2) 대화 방법 및 코치 방법

해야 할 일이 있거나 일의 방향성에 대해 명확하게 설명하여 안정감을 주어야 하며, 지나치게 과장되거나 계획성 없이 즉흥적인 말에 대해서는 겉으로는 표현하지 않아도 속으로는 거절할 수 있다. 서두르지 않고 차근차근하게 정확히 지도하는 것이 가장 적합한 대화 방법이다.

결과 지향적인 목표를 설정하려면 분명하게 제시도 해야 하지만 내용을 정확하게 알려주고 재촉하지 않아야 한다. 그렇지 않을 경우 역효과가 날 가능성이 높으며, 자기 내면의 생각을 표현하는 데 소극적이므로 감정이나 의견을 솔직하게 드러낼 때까지 인내심을 가지고 기다려 주어야 한다는 것이다.

일상적인 환경도 안정적인 면이 필요하며 불안하거나 낯선 환경에 적응이 늦을 수 있기 때문에 안정감을 주는 코치가 중요하다. 신뢰성과 믿음이 있는 부모나 친척, 형제, 친한 친구 등 자신에게 편안함을 주는 사람의 이야기에 친근감을 느끼며 잘 반응하기 때문에 신뢰 관계 구축이 우선 필요하다.

알아서 스스로 하게 하는 것 보다는 정확한 지시가 있으면 좋고, 진행 과정에 대한 방법이 설명이 있으면 효과를 높일 수 있다. 진실히고 깊은 관계를 원하기 때문에 진지하지 못한 사람은 잘 믿지 않는 특징을 가지고 있으며, 반면 다른 사람의 개성은 이해하는 편이지만 자신에게 지나친 강요를 하는 사람은 불편해한다. 친해지기 위해서는 자주 만나는 것이 무엇보다 필요하며 자신의 내면의 깊은 감정을 표현하도록 기다려주는 호의적인 관계를 만들어 가는 것이 좋다.

2. 탐구형의 관계 향상을 위한 방법

(1) 행동 특성과 스트레스 원인 및 해결 방안

탐구형의 행동 특성은 논리적인 분석이 필요한 일들에 대하여 수학적 개념에 따라 실마리를 풀어가고자 하는 특징을 가지고 있다. 자신의 방식에 의한 분석된 근거 자료를 토대로 설득력 있는 논리력을 언제든 과감히 시행하려 한다.

논리적인 방법과 그에 따른 전개 과정에 대하여 감각이 좋아서 분석하고 연구하여 육하원칙에 의한 근거를 가지고 이야기하는 것을 좋아한다. 충분한 근거에 의해 의사를 전달하였지만, 자신의 의견이 받아들여지지 않으면 스트레스를 받는다.

심리적 압박감을 피하기보다는 상대방에게 자신의 솔직한 내면의 감정을 표현하며 생각하고 구상하는 것을 편하게 이야기하는 것이 좋다.

주위의 시선을 의식하거나 집착하지 않고 스스로 즐거워할 수 있는 일을 찾는 것이 중요하다. 때로는 계획적인 방법에 의한 프로세스가 필요하더라도 잠시나마 체계적인 것에서 벗어나 마음의 여유를 갖는 등 다음을 위한 재충전의 기회와 시간이 필요하다.

(2) 대화 방법 및 코치 방법

예리하고 독특한 질문을 하거나 새로운 각도의 아이디어를 이야기하여도 무시하지 않고 들어주며 더욱 날개를 넓게 펼 수 있도록 상상의 공간을 제공해야 한다.

날카로움이 있는 분석력에서 비롯된 내면의 상태를 먼저 이해하고 대화를 진행하면 좋으며, 일방적으로 강요하기보다 진심으로 이야기를 들어주고 접근하면 진지하게 대화할 수 있다.

논리적인 설득력을 가지고 있기 때문에 먼저 당사자의 의견을 충분히 들어주고 될 수 있으면 본인이 결정하기 전에 먼저 결론을 내리지 말고 기다려주는 것이 좋다.

언어 표현의 논리 정연함 및 작은 행동까지도 꼼꼼하게 관찰하여 무시하지 않고 논리성에 대하여 칭찬하면 대화가 부드럽다.

지시하거나 업무를 맡길 때에도 체계적이고 정확한 로드맵에 의한 절차를 꼼꼼하게 안내해 주어야 한다. 과정에 대한 진행절차 또는 이해가 갈 수 있는 충분한 설명을 해 주는 이유는 스스로 판단하고 계산하여 결과를 예상해야 더욱 큰 성과로 이어진다고 믿고 있기 때문이다.

논리적이고 구체적인 설명이 필요하며 그렇지 않으면 심하게 반발하고 거부하기도 하며 학습 또는 업무 처리 시 그러한 부분을 고려하여 지시하면 효과적이다. 무작정 지시를 하고 감정적으로 혼내고 질책하면 오히려 많은 반감과 오해만 증폭시켜 관계가 더욱 악화하며, 대체로 밝은 생각과 명랑하고 유머스러워 새로운 사람들과도 대인관계 형성을 잘하기 때문이다.

생각에 대한 표현력이 뛰어나기 때문에 발표하는 것을 좋아하며 차분한 이해관계를 형성해 간다. 원만한 이해관계를 통해 서로 진심이 통하고 깊이 있는 인간관계와 실리적인 관계를 형성하고자 한다.

3. 감성형의 관계 향상을 위한 방법

(1) 행동 특성과 스트레스 원인 및 해결 방안

감성형의 행동 특성은 부드럽고 자상하여 내면의 감정표현을 통해 솔직하게 의사표현을 하는 특징을 가지고 있다. 원만하고 다정다감한 대인 관계를 통해 쉽게 접근하고 이해하는 등 대체로 합리적이다. 그러한 행동 특성들은 빠른 의사 결정을 부추기기도 하며 쉽게 실증을 빨리 느끼기도 한다. 흥미가 없는 것들에 대한 실증으로 인해 지구력이 약해 보이는 것처럼 느껴지기도 한다. 실증에 대한 반감 또는 자기 감정 변화에 대한 조절과 흥미가 없다고 느껴지는 것을 해야 할 때 스트레스를 받는다.

감정에 대한 잦은 변화는 흥미가 있는 일에는 적극적으로 나서게 하지만 반대로 재미가 없는 일에는 쉽게 지루함을 느끼게도 하는 것이다. 지루함을 가지고 있다는 것이 스트레스로 작용하여 포기도 쉽게 할 수 있다고 보면 된다.

스스로 해결하기 어려운 문제는 가슴에 담아두기보다는 주변의 친한 사람 등 솔직한 방법으로 도움을 받거나 생산적인 변화를 시도하는 것이 좋다. 그러기 위해서는 상대방의 의견을 무조건 수용하기보다는 자기 생각을 분명하게 전달할 수 있는 적극적인 사고를 기르는 것이 도움된다. 적극적인 삶의 활력을 위해 단체 활동에 참여하는 것도 좋으며 새로운 변화에 대한 시도가 늘 필요하다.

(2) 대화 방법 및 코치 방법

매사에 이야기를 나눌 때에는 눈을 마주하고 솔직하게 대화해야 하며, 진지한 대화를 할 때는 안정되고 편안한 분위기를 연출해야 한다. 진지한 이야기를 나누기 위해서는 먼저 당사자의 기분을 살펴 다정다감하게 시작해야 마음을 터놓고 다가올 수 있다. 스스로 자신이 가지고 있는 생각이나 의견에 대하여 표현하는 것이 서툴더라도 인내심을 가지고 끝까지 경청해 주고 대화해야 한다.

자신의 이야기를 진지하게 경청해 준다고 느낄 때 내면의 깊은 곳에서 우러나오는 솔직함을 보여준다. 솔직한 의사소통은 새로운 환경과 사람을 만나 교제하는 것을 좋아하게 만들어 주고 원만한 대인 관계 형성에 도움이 된다.

원만함에서 비롯된 대인 관계는 일과 학습에 대한 흥미를 유발시켜

주어 어디서든 적응을 잘하게 만들어 주기도 한다. 그렇게 되면 주변에 좋은 친구가 많아지며 누군가를 돕고자 노력하고 이야기를 들어 주고 조언해 주는 것 등에 관심이 많아져서 단체 생활 등에서 아주 협력적인 자세를 취한다. 또한, 급한 성격에서 비롯되어지는 충동적인 결정과 감성에 젖어 행동할 수가 있기 때문에 생각에 여유를 가지도록 하는 것이 필요하다.

특히 중요한 일에 대한 결정, 자신이 스스로 책임질 수 없다고 판단하는 것이면 더욱 신중하고 진지하게 고민하여 판단하도록 하는 것이 필요하다. 그러기 위해서는 정에 너무 얽매이지 말고 객관적인 방법에서 시작하는 현실적인 생각과 판단이 중요하다. 현실적인 관점에서 판단은 자기 뜻을 우선 중요하게 인식하고 상대에 대하여 반응하는 것이다. 현실적인 판단이 아닌, 정에 치우친 판단은 때에 따라서는 손해를 감수해야 하기 때문이다.

4. 창의형의 관계 향상을 위한 방법

(1) 행동 특성과 스트레스 원인 및 해결 방안

창의적인 유형의 행동 특성은 독특하고 창조적인 아이디어가 좋아 언제 어디서든 번뜩이는 구상과 그로 인한 튀는 발언을 하여 상대를 당혹스럽게 만들기도 하는 특징을 가지고 있다. 자유 분망한 상상에서 비롯되는 생각을 가지고 세상을 거꾸로 보려고 하는 가운데 독창적인 아이디어가 있기 때문이다.

무한한 상상력과 창의성에 대하여 사람의 얼굴과 말투, 행동이 다르듯이 생각도 다르다는 것을 인정해야 한다는 것이다. 창의성을 발견하고 인정을 한다는 것은 결코 쉽지도 않을뿐더러 막연할 수도 있다. 그러므로 창의성이 우수한 사람이라 하더라도 내세우려고 하지 않고 무감각하게 비추어지기도 한다는 것이다.

그래서 다른 사람의 의견이나 생각이 다르다고 하더라도 무시하지 않고 잘 들어주는 등 주의 깊은 관찰이 필요한 것이다. 창의성을 가지고 있는 사람은 자신을 이해해 주지 않고 엉뚱하다고 하는 등 다소 독특한 사람 취급을 당하는 것에 대하여 스트레스로 작용하기도 한다.

'다르다'는 것과 '틀린' 것에 대한 구분이 필요하며 '다르다'는 관점에서 비롯된 생각을 적극적인 자세로 받아주는 세심한 관찰이 중요하다. '다르다'는 생각을 틀렸다고 단정하는 것은 매우 위험한 생각이기도 하다. 다른 관점과 생각은 고집스러운 사람으로 인식되고, 그러한 인식이 자신을 부정적인 사람으로 평가하기도 한다.
적극적인 열린 마음에서 충분한 이해를 바탕으로 다양한 생각을 헤아려주는 것이 필요하다.

(2) 대화 방법 및 코치 방법

독특한 질문을 하거나 새로운 관점 또는 생각의 아이디어를 이야기하여도 무시하지 않고 들어주며 적극적인 지지가 필요하다. 풍부한 상상력에서 비롯되는 다양한 생각들이 다소 엉뚱하기도 하지만 때에 따라서는 과감한 도전이 되기 때문이다. 그러기 위해서는 먼저 당사자에게 결정권을 주되, 될 수 있는 대로 본인이 판단하기 전에 먼저 결론을 내리지 말고 기다려줘야 한다. 또한, 결론적으로 일이 잘못되더라도 변명하지 않고 자기 자신을 먼저 바라볼 수 있도록 도와주고 '왜'라는 질문을 통해 자신의 창의성을 발전시키도록 기다려주고 이해해 주는 대화 방법이 필요하다.

 독특한 생각과 엉뚱한 질문을 하더라도 당황하지 말고 "쓸데없는 질문하지 마!" 혹은 "왜 그렇게 엉뚱하니?" 하는 응대보다 자유로운 생각에 대한 아낌없는 칭찬과 같은 대화를 하면 좋아한다. 때에 따라서는 답변하기 힘든 질문을 많이 하여도 하나하나 답변해 주는 정성이 필요하며, 바쁘면 메모해 두었다가 찾아서 이야기해 주면 창의적인 사고에 도움이 된다는 것이다. 창의적인 사고는 훌륭한 아이디어로 발전이 하기 때문에 진지하게 받아주고 설령 잘못이 있다고 하여도 질책 및 매의 효과는 없으며 오히려 각은 칭찬거리를 가지고 대화하면 좋다. 자신을 이해해 주지 않는다고 생각이 들면 돌발적인 다른 행동으로 자신을 표현하지만, 충분한 이해를 바탕으로 대화하면 잘 따른다.

 일의 성과 중심보다는 큰일 또는 작은 일에 상관하지 않고 효과적인 칭찬거리를 가지고 대화하면 필요한 약이 된다. 또한, 독립적인 면이 있지만, 자신만의 방식을 선택하여 독특한 매력으로 관계를 이끌어 가려고 하므로 독창적인 면을 고려하여 대화해 주면 좋다. 남다른 독특한 개성을 가지고 있는 자신을 이해해 주기를 원하기도 하지만 의외로 외로움이나 열등감을 많이 느껴 다정다감한 방식의 대화를 원하기도 한다.

5. 열정형의 관계 향상을 위한 방법

(1) 행동 특성과 스트레스 원인 및 해결 방안

열정형의 행동 특성은 긍정적이기도 하지만 일에 대한 욕심이 많아 에너지가 늘 넘치는 특징을 가지고 있어서 적극적으로 활동하고자 한다는 것이다. 적극적인 행동을 위해 튀어 보이고자 하는 생각에서 비롯된 강한 개성을 언제 어디서든 발산하고자 한다고 보면 된다. 개성이 강하고 에너지가 넘친다는 것은 자신에 대한 믿음이 있기 때문이며 그런 것들이 결국 긍정적인 모습으로 비추어지기도 하여 삶에 활력이 기도 한다. 긍정적인 마인드의 생각과 행동은 다른 사람이 바라보는 자신의 겉모습보다 내면에서 가지고 있는 진실한 모습에 더 집중하게 한다는 것이다. 그러한 내면의 충실한 모습을 인정하지 않고 겉으로 드러난 모습만을 가지고 평가를 하고 판단을 한다는 것은 스트레스라고 보면 된다. 적극적이고 긍정적인 생각과 행동에 대한 절대적인 인정이 있으면 마음을 열고 최선을 다하기도 하며, 그러기 위해서는 스스로 자기 존재와 생각을 더욱 소중히 하고 자신에 대한 투자를 늘려야 한다는 것이다.

상대를 인정하고 자신을 이해한다는 것은 자신의 존재는 물론 타인을 사랑하는 것에서부터 시작되기 때문이다. 따라서 절대적이고 온전한 인정을 통해서 존재감을 확인하고 개성을 적극 지지해 주는 대화가 필요하며 그런 분위기는 더욱 부지런하고 열정적으로 움직이게 만드는 힘이 된다고 보면 된다. 또한, 부지런하고 일에 대한 과도한 욕심은 마음의 여유를 절대적으로 필요하게 만들기도 한다고 보면 될 것이다.

(2) 대화 방법 및 코치 방법

분주하고 바쁘게 움직이고자 하는 행동에 대하여 여유로운 마음과 시간을 충분히 가지고 대화하는 것이 중요하며 이야기를 많이 들어주는 것이 좋다고 보면 된다. 공간과 환경에 대한 부분도 신경을 쓰면 좋고 차분히 대화해야 하며 주제는 명확하고 명쾌한 가운데 장황한 것은 피하는 것이 좋은 방법이다. 장황한 것을 싫어한다는 것은 상대방의 이야기를 듣기보다는 자신의 감정을 누군가에게 전달하려는 것이며 최대한 인정하며 긍정적인 태도를 가지고 경청해 주는 것을 좋아한다는 것이다.

또한, 자신의 개성을 인정해주고 칭찬해주는 등 말의 표현을 좋아한다고 보면 된다. 자신이 소중하고 가치 있는 존재인지 대화를 통해 듣고싶어하며 특히 부시런하다는 말을 많이 듣고싶어힌디는 것이다.

또한, 예술적인 끼도 있지만 튀어 보이는 패션은 물론 언어표현력이 좋아서 대인 관계에서 예술적 감각과 자신만의 개성 있는 대화 방법을 좋아한다고 보면 된다. 그런 다양한 표현 방식과 개성으로 인하여 주변에 사람이 많으며 적응하고 반응하는 체세가 좋아 쉽게 이해하기도 한다는 것이다.

자신이 가지고 있는 칭찬과 설득하는 기술로 남들을 동기부여하여 잘 이끌어가기도 하지만 설득력 있는 대화 방식을 선호하기도 한다는 것이다.

어떨 때에는 남들에게 인정받는 것을 원해 부모, 친구, 동료 등 아주

가까운 관계 속에서도 경쟁하려고 하며 그들에게조차 인정받고 싶어 한다는 것이다. 욕심을 가지는 것은 좋지만 지나친 욕심은 건강을 해치고, 성취하지 못한 것에 대한 아쉬움이나 미련으로 남을 수 있기 때문에 한 발 물러서서 바라보는 여유가 필요하다고 보면 좋을 것 같다. 마음의 여유는 생각의 유연성과 같아서 철저한 준비와 연습도 중요하지만, 여유로운 생각은 물론 더 나아가 게으른 행동도 필요할 때가 있다고 보면 좋을 것 같다.

6. 사고형의 관계 향상을 위한 방법

(1) 행동 특성과 스트레스 원인 및 해결 방안

사고형의 행동 특성은 이해심이 많아 협력적인 부분의 배려 또는 협조를 잘해주는 특징을 가지고 있어서 대체로 온화하고 자상하게 행동을 한다는 것이다. 자상하고 친근감이 넘치는 마음의 씀씀이는 배려 차원의 깊은 이해심에서 비롯되어진 것으로 상대방에게 부드러운 이미지로 비추어지기도 한다고 보면 된다.

때에 따라 자기 생각보다 상대방의 입장을 더 존중해 주기도 하며, 지나친 배려로 인해 스스로에게는 스트레스로 작용하기도 한다. 또한, 신중하고 섬세한 고민과 행동으로 많은 생각을 하지만 때에 따라서는 틀릴 수도 있고, 실수하기도 한다는 것을 인정해야 한다. 그런 가운데 자신의 욕구와 감정에 대해 좀 더 솔직하고 과감하게 표현하는 방법을 습관으로 형성하면 스트레스를 줄일 수 있다.

모두에게 만족은 없으며 모든 사람에게 더더욱 만족하게 해 주어야 한다는 강박관념을 가지지 않는 것이 중요하다고 보면 된다. 물론 주변 사람에게 맞춰서 나를 변화시키려 하기보다는 지금의 현재의 자기 뜻을 더욱 존중해 주는 것이 필요하다고 보면 된다. 지나친 배려로 인해 다른 사람이 자신을 칭찬하거나 선의를 베풀어 주는 것도 부담스러워하지만 그것보다는 감사하게 받아들이는 적극적인 방법도 필요하다. 또한, 가까운 사람일수록 싫어하는 것에 대한 거절은 물론 자신이 진심으로 원하는 것 등을 솔직히 말하고 상대방이 자신에 대해 충분히 이해하도록 하는 것이다.

(2) 대화 방법 및 코치 방법

재촉하지 않고 스스로 자신의 의사를 명확하게 이야기할 수 있도록 기다려주어야 하며 진정으로 원하는 사기 생각을 토대로 무언가를 결정할 수 있도록 지지해주는 대화 방법이 필요하다는 것이다.

행동이 필요한 지시를 하고자 할 때는 명확하게 구분하여 설명하고, 계획도 세밀하게 세워주어야 고민을 덜 하여 쉽게 응용하고 움직인다고 보면 된다.

또한, 상대방을 배려하여 자기 생각과 말을 아끼기 때문에 대화할 때는 인내심을 갖고 이야기를 하도록 장을 만들어 주고, 적극적인 자세로 경청하는 태도를 보이면 마음의 문을 열어 대화를 진행한다고 보면 된다. 그러한 내면에는 분쟁을 싫어하기 때문이기도 하며 다소 소극적이고 신중하기 때문이기도 하다. 신중함 때문에 속으로는 다른 사람의 생각이나 주장에 동의하지 않아도 겉으로는 잘 표현하지 않는다는 것이다. 그런 나머지 다른 사람 앞에 서는 것을 쑥스러워하고 익숙해질 때까지 시간도 걸려 의견을 적극적으로 표명해 보도록 하는 대화 방법이 필요한 것이다.

또는 생각이 신중할 뿐만 아니라 여러 사람 앞에서 표현하는 것을 힘들어 할 수 있어 책을 크게 읽도록 하거나 웅변 등 스피치 연습을 통해 자신감을 가지게 하는 방법이 좋다. 어떨 때에는 생각이 많아 사소한 것도 깊게 고민할 수 있기 때문에 명쾌한 생각으로의 전환 방법을 제시하는 것 또는 생각의 우선순위를 정하는 방법을 알려주면 좋다.

생각의 우선순위는 꼭 필요한 것, 꼭 해야 하는 것, 하지 않으면 안 되는 것 등 생각을 비우는 연습이 필요하며 그렇지 않으면 밤을 새울 수도 있기 때문이다. 그러한 것들을 효율적으로 처리하기 위해서는 우선순위를 정하여 불필요한 시간 낭비 또는 많은 생각과 고민에서 자유롭게 대처하도록 도와주는 것이다.

7. 관계형의 관계 향상을 위한 방법

(1) 행동 특성과 스트레스 원인 및 해결 방안

관계형의 행동 특성은 원만함과 관계 지향적인 부분에서 협력 및 중간 입장에서 중재 또는 조율과 같은 우호적인 협상력 발휘를 잘하는 특징을 가지고 있다는 것이다. 대체로 원만하고 우호적인 견해가 있는 사람은 언제 어디서든 반감이 크지 않은 이미지로 누구에게나 접근이 쉽기도 하다는 것이다. 그러한 친근한 이미지는 대인 관계 차원의 상대방에게는 부드럽게 비추어지지만, 스스로에게는 다소 우유부단함과 같이 생각될 수도 있다.

상대방을 배려하듯 자신에 대한 욕심은 물론 자기 관리에도 적극적이어야 한다는 것이다. 자신에 대한 욕심이 필요한 이유는 우유부단하게 여겨지는 생각을 현실적인 방법으로 전환해주기 때문이다. 현실적인 방법을 통해 자신에 대한 가치를 높여 주기도 하며 상황에 따라 합리적인 선택의 거절도 가능하다는 것이다. 그런 합리적 선택은 일의 우선순위에 따라 때로는 차선의 방법이 최선이 될 수 있다는 마음의 여유를 가지는 힘이 되기도 하다고 보면 된다. 그러한 마음의 여유가 없는 상태에서 합리적인 선택 또는 거절이 쉽지 않기 때문이다. 거절해야 하고 결정을 해야 하는 상황에 놓이면 많은 생각을 하게 되며 상대방의 입장을 고려하여 단호하게 거절 또는 결정이 쉽지 않아 스트레스로 작용한다고 보면 된다.

또한, 중요한 결정이 요구될 때는 생각하는데 너무 많은 시간을 소비하여 판단이 흐려지기도 하며 그런 고민이 결국 스트레스로 이어진다고 보면 된다. 결정력에서 비롯된 스트레스를 줄여주기 위해서는 우선순위에 의한 결정을 하는 것이 방법이기도 하다.

(2) 대화 방법 및 코치 방법

좋은 관계 형성을 위해 솔직한 자기 내면의 생각을 존중해 주고 적극적으로 의사표현을 할 수 있도록 기다려주는 대화 방법이 필요하다는 것이다. 또한, 방향 제시를 할 때는 명확하게 알려주고 계획을 세우도록 하는 것이 좋으며 합리적인 방법을 좋아한다는 것이다.

합리적인 생각은 상대에 대한 배려 깊고 협조적인 마음에서 비롯된 예의 바른 행동은 물론 대화하는 것 자체를 좋아하게 만들기도 한다고 보면 된다. 그렇기 때문에 먼저 모범을 보이는 것도 중요하며 말을 천천히 하고 발음에도 유의하여 대화를 하면 좋아한다는 것이다.

또한, 다른 사람에게 관심이 많고 상대의 기분을 잘 맞춰주며 다툼과 분쟁을 싫어하여 대인 관계가 원만하고 단체의 분위기를 중요시한다고 보면 된다. 무엇보다 협조적인 상황을 고려한 대화 방법 또는 분위기에 대한 협력적인 부분을 반영하여 대화를 이끌어 가는 것이 좋다는 것이다.

상대방의 감정에 상처를 준다든지 자기중심적인 고집을 피우지 않기 때문에 원만한 조정에 잘 수긍을 하며, 그렇기 때문에 부탁을 받으면 이러지도 저러지도 못하다가 수락할 가능성이 많아 거절에 대한 훈련이 필요하다는 것이다.

정중히 거절하는 법을 가르쳐 주는 것과 적절한 거절은 필요하며 상대에게 피해가 되지 않는다는 것 또한 인식시켜주면 좋다. 그러한 인식이 부족하면 선의의 경쟁을 하는 데 있어 불필요한 배려를 앞세워 경쟁하지 않으려고 할 수도 있다.

배려와 경쟁에 대하여 정확히 알려줄 필요가 있으며 정립이 안 되어 있으면 이론적으로는 알지만, 선의의 경쟁을 할 때 자신보다는 상대를 우선 배려를 할 가능성이 높기 때문이다.

또한, 일의 우선순위를 정해놓고 진행하는 게 필요하며 학습을 하거나 일을 할 때 우선순위를 적어보고 순서대로 하도록 도와주면 효율도 높일 수 있다. 우선순위는 꼭 필요한 것, 꼭 해야 할 것, 하지 않으면 안 되는 것 등 원칙이 있으면 좋다고 볼 수 있다.

8. 현실형의 관계 향상을 위한 방법

(1) 행동 특성과 스트레스 원인 및 해결 방안

현실형의 행동 특성은 실리적이고 현실적인 부분에서 빠른 판단력과 처세하는 성노가 좋으며 이싱적인 면이 깅힌 특징을 기지고 있다. 이성적인 사고에 의한 판단력은 자기중심적인 생각은 물론 눈치가 빠르게 보이기도 하며 임기응변이 우수하게 보이기도 한다는 것이다.

그러한 우수한 적응력으로 인하여 일에 대한 두려움이 없는 것처럼 보이기도 하며 여러 가지를 한꺼번에 하려고 할 때도 있다. 우선 시작하고 보자는 식의 진행을 하는 등 욕심도 많고 일에 대한 부담을 별로 가지고 있지 않는다는 것이다.

반면에 일의 진행 과정에서 만족스럽지 못한 것들은 끝까지 진행하지 못해 포기하는 경우도 있다는 것이다. 그러한 다양한 관심으로 인하여 지금의 결과에 일희일비하여 스트레스를 받기보다 나중의 더 나은 결과에 대해 생각하는 마인드가 필요하다.

또한, 일의 우선순위를 생각하여 중요한 일부터 하나씩 마무리하는 것은 물론 때로는 자신이 하고자 하는 것을 참아내며 한발 양보하는 마음의 여유도 필요하다는 것이다.

우선순위를 정립하기 위해서는 새로운 것에 도전하기 전에 현재하고 있는 것의 마무리 여부를 점검하여 스트레스를 받지 않도록 하면 좋을 것 같다. 상대방한테 인정을 받기 위해서는 모든 상황을 가볍게 넘기려 하지 않고 때와 장소, 상대방에게 맞는 예의를 지켜 주는 센스가 필요하다.

(2) 대화 방법 및 코치 방법

욕심도 많고 관심 분야도 다양하므로 불가능하다고 한다든지 못한다는 이야기는 하지 않는다. 다양한 생각과 욕심이 있다는 것은 한 가지를 생각하고 하나에 집중하지 않는다는 것이다.

어떠한 일을 하면서 또 다른 일에 관심을 두고 있기 때문에 산만해 보일뿐더러 대화 중에도 또 다른 생각을 하는 것이다. 그런 특징에 대하여 열린 마음으로 이해하고 대화를 진행하는 것이 필요하다. 그런 상황에 대하여 충분히 인정하고 온전히 대화에만 집중할 수 있도록 하나의 주제만을 놓고 이야기하면 좋은 대화의 결과를 만들 수 있다는 것이다. 그런 다양성 때문에 자신이 감정과 생각을 드러내거나 표현하기를 좋아하고 다른 사람들과 사이가 좋고 원만한 것이다.

그러나 상황에 따라 자신에게 필요한 사람과 그렇지 않은 사람을 구분하기도 한다. 그런 구분 역시 실리적인 면을 추구하고 자기 입장에 대한 욕심이 앞서기 때문이다. 실리적이고 이성적인 판단은 상황에 따라 '리더'와 '중재자' 역할은 물론 융통성이 있는 것처럼 보이기도 하지만, 이기적으로 비추어지기 때문에 마음의 여유가 필요하다.

마음의 여유는 멀리 숲을 볼 수 있는 편안한 생각과 유연하고 차분한 계획을 세우도록 하는 것이다. 그렇지 않고 지나치게 현실적인 면으로 치중하다 보면 멀리 바라보는 안목이 부족해질 수도 있다는 것이다. 멀리 바라볼 수 있는 안목 또는 여유는 진정성과 같기도 하며 집중력을 발휘하는 근간이 되기도 한다.

집중력 있는 생활 습관과 좀 더 차분하고 계획적인 방법이 필요하다는 것이다. 또한, 일의 우선순위를 정하고 실천하는 것도 중요하지만, 더욱 중요한 것은 여러 가지 일보다는 적어도 한두 가지 일에 전념하는 것이다. 학습하거나 일을 할 때 우선순위를 구분하여 진행해야 할 것과 과감하게 포기해야 할 것을 구분하면 학습 효과도 높이고 일의 효율도 높일 수 있기 때문이다.

9. 주도형의 관계 향상을 위한 방법

(1) 행동 특성과 스트레스 원인 및 해결 방안

주도형의 행동 특성은 도전적이고 경쟁적인 부분에서 자기중심적인 추진력을 가지고 강한 승부 근성을 발휘하려는 특징을 가지고 있다. 강인한 자기중심적 경쟁심은 주도적으로 대인 관계를 이끌어 가고자 하며 때에 따라서는 이기적으로 비추어지기도 한다는 것이다. 자기 관점에서 판단은 물론 대인 관계 역시 상대에게 자상하고 부드러운 관계 형성보다는 간단명료한 방법으로 진행하며 그런 모습들이 이기적으로 보이는 것이다. 상대방이 보았을 때 이기적으로 보인다는 것은 말이 별로 없을 뿐만 아니라 생활 습관도 복잡한 것을 원하지 않기 때문이다.

사람마다 각기 생각과 행동이 다를 수 있다는 마음으로, 때로는 자신만의 입장보다 상대방의 입장 또한 존중하며 배려하는 자상함도 필요하다는 것이다. 따라서 대인 관계에서는 상대방에게 힘들거나 서운한 감정이 있으면 가슴속에 담아두는 것보다는 직접 대화로써 해결하려는 것도 필요하다.

그렇지 않고 상대방이 알아서 해주겠거니 생각하고 기다린다는 것은 시간 낭비는 물론 자존심에 상처를 입을 수 있기 때문이다. 주도적인 사람에게 있어서 자존심에 대한 상처는 승부 근성 때문에 더욱 크게 느껴질 수도 있다며, 자존심도 중요하지만, 자신도 실수할 수 있다는 것을 인정하고 때로는 혼자만의 사색과 마음의 여유를 가지는 것이 좋다.

(2) 대화 방법 및 코치 방법

경쟁심을 유발하기에 합당한 목표를 제시하는 것이 중요하며 본인의 특성과 주도방식을 최대한 존중하는 가운데 대화를 진행해야 한다. 존중해 주는 대화는 자신의 확고한 의견 또는 강한 자존심에 대하여 온전한 마음의 지지라고 할 수 있다. 진심에서 우러나오는 지지는 많은 말이 필요 없으며 간단하고 명료한 의사소통일 수 있다는 것이다. 가령 '나는 네가 잘할 수 있다고 본다.'라는 식의 절대적인 믿음을 바탕으로 하는 존중이 필요하다. 서로의 온전한 마음에서 이루어지는 소통이 있을 때 최대한의 능력을 발휘할 수 있다고 보면 된다. 그렇지 않으면 정서 상태를 파악하여 감성에 호소하는 '나는 네가 이렇게 해주면 고맙겠다.'라는 식의 부드러운 방식으로 대화하여 숨은 능력을 끌어낼 수 있도록 지도한다면 효과적인 결과를 가져올 수도 있다.

대인 관계에서는 독립심이 강하고 존중받는 것을 중요하게 생각하므로 자신의 감정이나 생각을 나타내거나 표현하는 것을 별로 좋아하지 않고 반면 남을 쉽게 믿지도 않는다는 것이다. 그래서 기본에서 벗어나는 것 또는 예의에 어긋나는 것을 싫어하는 스타일이라 유머 감각 또는 마음의 여유가 필요하다는 것이다.

마음의 여유는 기본을 지나치게 의식하여 자신은 물론 상대방도 그럴 것이라는 전재하고 있기 때문일 수도 있다. 그러한 기본의 충실은 기준이 자신에 맞추어져 있기를 바라며 그렇지 않은 것에 힘들어할 수도 있어 상대방 또한 이해하고 인정하는 것이 필요하다는 것이다. 따라서 자기 생각과 주장을 지나치게 강조하기보다는 나와 다를 수 있다는 마음의 여유를 가지는 것이 중요하다.

10. 원칙형의 관계 향상을 위한 방법

(1) 행동 특성과 스트레스 원인 및 해결 방안

원칙형의 행동 특성은 완벽하고 원리 원칙적인 부분에 있어 정확한 잣대를 가지고 있어서 책임감이 강하고 약속을 아주 잘 지키는 특징을 가지고 있다.

철저한 자기 관리에서 비롯되는 약속을 잘 지키는 것과 책임감은 완벽을 추구하는 생활 습관으로 이어져 확고한 신념과 같다는 것이다. 확고한 자기 신념을 가지고 확실함 또는 완벽함을 지향하는 습관이 원칙을 벗어나는 무질서에 대해서는 스트레스로 작용한다고 보면 된다. 원칙에 대한 강한 압박에서 벗어나기 위해서는 생각의 무게를 줄이고 모든 사람의 생각이 다를 수 있다는 것을 인정하는 것이 필요하다는 것이다.

또한, 자신도 모든 것에 완벽할 수 없다는 생각의 유연함이 필요하며 실수에 대한 자책보다는 마음의 여유를 가지는 느긋함도 때로는 필요하다고 보면 된다. 그러기 위해서는 남들 역시 자신에게 없는 좋은 장점을 발견하여 칭찬해주는 마음의 여유가 오히려 자신에게는 더 많은 도움이 된다고 보면 좋을 것이다.

또한, 원칙적인 생각을 좀 더 가볍게 하는 것도 필요하며 자신이 하고 싶은 것을 하면서 편안한 마음의 자유 시간을 종종 가지는 것이 좋다는 것이다. 고정관념과 같은 원칙을 깨트리는 심적인 여유는 '그냥 대충하자.'라는 식으로 접근하여도 전혀 흐트러지지 않을뿐더러 크게 문제가 되지 않는다는 것이다.

(2) 대화 방법 및 코치 방법

원칙에 입각한 행동 또는 결과에 대하여 상대적인 관점에서 본다든지 또는 평가를 받을 때는 절대적으로 믿어준다는 강한 의지의 대화가 중요하다. 믿음에 대한 강한 신념을 토대로 바른 자세와 정직한 마음의 완벽함을 전제로 이어지는 것이 좋다는 것이다. 자신이 가지고 있는 원칙적인 법칙과 같은 정확함을 부정하거나 불신을 하는 대화보다는 의심의 여지가 없다는 것이 전제 조건으로 깔렸으면 더욱 좋다. 확실 또는 정확함에 대하여 의심을 한다는 것은 믿지 못한다는 것과 같으며 믿음이 없는 대화는 별로 실용적이지 않다는 것이다. 그뿐만 아니라 장황한 설명보다는 간단명료하고 깔끔한 방법의 전달 '나는 너를 믿고 있다.'라는 식의 짧고 강한 믿음이 더욱 효과적이다. 또한, 새로운 것에 대한 접근 방식은 여럿이 어울려 복잡한 것보다는 단순하게 개인적으로 대화하는 것을 좋아하기도 한다.

다양한, 그것보다 직접적이고 정확한 결과를 요구하기 때문에 원칙에 따라 대화하는 것이 좋다는 것이다. 결과에 집착하여 몰아붙이는 방법보다는 혼자 생각할 여유와 시간을 주어 믿고 기다려주는 것이 중요하다는 것이다. 원칙을 벗어나지않으려는 습관은 남에게 비치는 자신의 평가에 대하여 의식을 하게 만든다.

또한, 상냥한 사람에게는 다정다감하지만, 권위적이거나 강제성을 띠는 사람에게는 반발하는 경향이 있으며 원칙을 고수하여 대화하면 좋다는 것이다.

원리 원칙에서 벗어나는 것 자체를 싫어하기 때문에 오히려 유머 감각과 마음의 여유, 자신을 위한 격려와 휴식도 필요하다는 것이다. 지나친 원칙과 확실함은 강박관념과 같으며 정확해야 한다는 생각 때문에 마음의 여유를 가지지 않기 때문이다. 한 발 뒤로 물러서서 자신을 되돌아볼 수 있는 마음의 여유는 유연함과 같다고 볼 수도 있다.

제5장
재능 및 역량

재능은 여러 가지로 구분을 하며 예전에 아이큐 테스트를 통해 머리가 좋고 나쁘다를 놓고 평가하던 것과는 다르다. 아이큐 테스트는 수리 개념의 순발력 테스트와 같아 짧은 시간에 누가 더 많은 문제의 해답에 적중했는지를 놓고 평가하여 점수를 주었다. 그런 간단한 형태의 결과를 놓고 두뇌를 평가한다는 것 자체가 어떤 측면에서는 오류를 가져왔다고 보는 것이다. 그런 오류를 없애고 사람이 가지고 있는 여러 가지 형태의 지능에 대하여 언급을 한 것이 바로 '다중지능'이론이다. 다중지능이론은 다음과 같다.

미국의 하버드 대학교 교수인 Gardner가 1983년에 출판한 그의 저서『마음의 틀』(Framesofmind)에서 제시한 지능이론이 '다중지능이론'이다. 이 이론에서는 기존의 지능이론과는 달리 인간의 지능은 서로 독립적이며 다른 여러 종류의 능력으로 구성되어 있다고 본다. 따라서 다중지능이론이란 각 개인이 특정 분야의 개념과 기능을 어떻게 배우고, 활용하며, 발전시켜 나가는가 하는 특정 분야에서의 '문제 해결 능력' 또는 '가치 있는 결과를 생산하는 능력'으로서 한 개인이 속한 문화권에서 가치 있다고 인정하는 분야의 재능을 말한다. Gardner는 인간의 지적 활동을 서로 독립적인 아홉 개의 분야로 나누어 각 분야에 대응하는 아홉 가지 지능을 제시하고 있다. 아홉 가지 지능에는 언어 지능, 논리-수학적 지능, 공간 지능, 신체-운동적 지능, 음악 지능, 개인 간 지능, 개인 내 지능, 자연주의적 지능 및 실존 지능이 포함된다.[12]

물론 지문과 가드너 박사의 다중지능이론은 전혀 관계는 없다. 다만

---

12) [네이버 지식백과] 다중지능이론[多重知能理論, multiple intelligences theory](교육심리학 용어사전, 2000. 1. 10., 학지사)

다중이론에 근거하여 여러 가지 재능을 분류하여 적용한 것이다. 사람의 손은 두뇌와 밀접한 상관관계가 있을뿐더러 제2의 뇌라고 불리기 때문이다. 손이 수행할 수 있는 것은 대략 9만 가지 정도의 일을 할 수 있다고 하며 다른 어떤 동물보다 자유자재로 움직이는 손이 있어서 가능하다고 한다. 사람의 몸의 뼈는 평균적으로 성인을 기준으로 206개로 구성이 되어 있으며 그중 54개가 손에 있다. 또한, 두뇌에서는 일상적인 모든 행동에서 지시와 같은 가장 많은 명령을 손에 한다는 것이다.

그만큼 손이 가지고 있는 두뇌와의 상관성 그리고 뇌 질환 환자에게 손을 자극해 주는 일련의 행동들 또한 뇌를 자극하여 정상으로 되돌리기 위한 것이라고 볼 수 있다. 또한, 각 손가락은 사람의 각종 장기와도 신경으로 연결되어있으며 그런 각 장기의 기능도 제각각이라는 것을 알 수 있다. 일본 뇌 과학계의 좌장 구보타 박사의 실전 뇌 과학 『손은 외부의 뇌다 손과 뇌』에서 이렇게 말하고 있다.

사람의 손은 스물일곱 개의 작은 뼈로 이루어져 있다. 손의 기본 운동은 주먹을 쥐는 '구부리기', 손을 펴는 '펴기', 손가락을 편 채 붙이는 '모으기', 손가락을 활짝 펼치는 '벌리기'의 네 종류이다. 여기에 엄지손가락 특유의 '맞서기' 운동을 더 해 손가락의 기본 운동은 구부리기, 펴기, 모으기, 벌리기, 맞서기의 다섯 종류이다. 이 몇 가지 운동의 조합으로 인간의 손은 천변만화한 활동을 만들어낸다. 특히 엄지손가락에는 엄지 벌림근과 엄지 모음근이 유난히 발달해 있어서 강한 힘으로 움직일 수 있다. 손은 뇌가 내리는 명령을 수행하는 운동기관일 뿐 아니라 뇌에 가장 많은 정보를 제공하는 감각기관이다. 손을 움직이거나 손으로 바깥의 변화를 받아들일 때 뇌는 활성화된다. 손은 머릿속에서 만들어진 명령을 구현하는 도구지만, 반대로 손을 사용함으로써 새로운 생각이 만들어지기도 한다. 손을 사용하면 전두엽에 자극이 가해지고, 그 과정에서 인간 두뇌의 중추인 전두엽은 자극을 해석하는 것을 넘어선 창의적 활동을 하기 때문이다. 즉 손을 사용한다는 것은 최고 차원의 정신 기능에 자극을 준다는 것과 같은 말인 셈이다.[13]

손을 통해서 할 수 있는 일련의 각종 행동은 결국 뇌의 명령을 받기도 하지만 반대로 뇌에 또 다른 자극을 주어 두뇌 발달에 영향을 주고 있다고 보인다. 손을 사용한다는 것은 창의성을 간직하고 있는 원천이며 인류 진화의 비밀을 간직하고 있는 손이라고 말하고 있다. 그런 것을 뒷받침해 주는 일련의 간단한 실험이 사람과 원숭이 또는 고릴라 등 이 사용하는 손가락 별 힘의 균형을 보면 알 수 있다. 사람은 엄지손가락이 가지고 있는 힘의 비중이 나머지 손가락의 절반을 가지고 있는 데 비해 원숭이도 고릴라도 그렇지 않다고 구보타 박사는 밝히고 있다. "오리선 영장류연구 센터의 원숭이는 눈이 내리면 눈덩이를 만들어 굴리면서 논다. 새끼 침팬지에게 막대기를 주면, 그것을 이리저리 가지고 놀면서 새로운 용도를 창출한다. 손을 쓰면 신경계가 움직이고 창조 과정이 촉진된다. 이 과정에서 원시 영장류의 한 종류는 극적인 진화를 이루었고, 인류가 지금과 같은 형태로 진화하게 된 것이다." 또한, "손을 사용하지 않는 세상, 인간의 진화도 멈출 것이다!"라는 충격적인 메시지도 전하고 있으며, "손은 인간의 두뇌 진화에 결정적인 영향을 미쳤고, 손을 사용함으로써 두뇌를 자극해 머리가 좋아진다고 주장한다. 인간의 지능과 운동중추는 전두엽이 관장하는데, 전두엽은 두뇌의 핵심적인 역할을 하는 부위로 손가락을 움직이는 등 미세한 운동을 통해 활성화된다는 것이다."

13) 구보다기소우(2014), 고선윤 역, 손과 뇌

손가락의 움직임이 두뇌 발달에 영향을 미친다는 내용은 박사의 말대로 충분히 설득력을 가지고 있다고 보아도 될 것 같다. 그렇다면 손가락에 있는 지문이 과연 사람의 두뇌와 관련은 있을까? 하는 것이다. 관련이 있는지를 알기 위해서는 다양한 계층은 물론 많은 임상을 토대로 상담을 통해 이루어져야한다.

『지문은 알고 있다』의 저자 리처드 웅거는 "태어나기 5개월 전에 결정되는 나의 모든 것."이라는 표현과 함께 삶의 목적에 대하여 많은 언급을 하였다. 삶의 목적은 방향 또는 잘할 수 있거나 즐거운 일들에 대한 것, 즉 진로 적성과 같다고 본다. 물론 지문을 활용한 성격 탐색과 재능 분류는 철저히 선천적인 부분만을 가지고 평가가 된다는 것을 잊지 말아야 한다. 선천적인 부분이 대략 30% 정도로 전체적인 부분의 비중은 미약하다. 미약하지만 선천적으로 타고난 부분이 그냥 간과하지 못한다는 것이다. 선천적으로 우수하게 타고난 재능을 통해 잘하는 일을 선정하고 진로 선택을 하려고 한다는 것이다. 그러한 선천적인 재능의 비중은 적게 느껴지지만, 무게로 보면 꽤 무겁게 받아들여진다고 보면 좋을 것 같다. 타고난 선천적인 재능을 토대로 후천적인 교육과 노력이 있어야 온전한 재능으로 탈바꿈된다고 보아야한다.

비록 선천적으로 타고난 재능이 없다고 하여도 피나는 노력을 한다면 환경 또는 교육으로 변화가 가능하다는 것이다. 그러나 선천적으로 타고난 재능에 따라 노력을 하는 것이 더욱 효과적이라는 것이다.

사람은 자신이 타고난 선천적인 재능을 활용하고자 한다는 것이다. 따라서 선천적인 재능의 비중은 비록 적지만 그냥 무시한다는 것은 시간 낭비일 수 있다. 후천적인 환경과 교육을 통해 노력한다고 하여 전혀 다른 방향으로 본질이 변하거나 형질이 바뀌지는 않는다고 보면 된다. 다만 본질의 테두리 안에서 또는 범주 내에서 변화한다고 보는 것이 바람직하다. 선천적으로 타고난 재능을 우수 재능이라고 하며 사람은 누구나 자신이 우수하게 타고난 재능의 분야를 훨씬 더 많이 선호하는 것으로 나타났으며, 그러한 우수한 재능을 토대로 역량을 발휘한다는 것을 논문을 발표하기 위한 연구를 통해 알 수 있었다.

지문을 활용한 성격 탐색 및 분석으로 우수 재능을 유추하는 데 있어서 활용이 가능할 것이다. 검증한 결과를 살펴보면, 성격의 장점만으로 진로 적성을 평가하고 판단하기보다는 다중지능이론에 근거한 우수지능을 유추하기 위하여, 10명의 대상은 열 손가락 지문을 확보하여 패턴과 지문의 융선 수 등을 세부적인 분석 방법을 대입하여 우수 재능에 따라 정밀 상담을 진행해본 결과, 진로 선택의 의사 결정에 도움은 물론 만족도가 훨씬 높게 나타나서 지지되었다.[14]

지문을 활용한 우수 재능에 대한 평가는 다음과 같은 방법으로 분류하고 분석한다. 첫째, 각 손가락 별로 분포된 지문 패턴을 분류하여 패턴의 위치로 분석한다. 둘째, 지문 패턴의 융선 수 및 이랑 수로 분석한다. 셋째, 지문 패턴의 형태 및 명확성으로 분석한다. 넷째, 왼손과 오른손의 지문 패턴의 비교로 분석한다. 다섯째, 지문 패턴에 의한 성격 분류와 그에 따른 재능의 관계성으로 분석한다.

인간의 재능은 단순하게 어느 한 가지로 이루어져 있지 않을 뿐만 아니라 다양한 재능으로 이루어져 있다. 다양한 재능 중에는 우수하

---
14) 오세정(2014), 전게서, p.52

게 나타나는 재능도 있고, 상대적으로 우수하지 않은 재능도 있다. 우수한 재능은 자신도 관심을 두고 있기도 하지만 똑같은 노력을 하였을 때 더 좋은 결과로 이어지기도 한다. 결과가 좋다는 것은 우수한 재능이 진로에 미치는 영향이라고 보아도 무방하다는 것이다. 이러한 우수한 재능의 좋고 나쁨은 우월 순서로 표현할 수도 있으며, 하나의 우수한 재능을 특화하기 위하여 서로 다른 재능과 유기적으로 결합하여 나머지 재능을 계발시켜 균형을 이루도록 하는 것이 필요하다.

1. 대인 관계 재능

(1) 재능의 특징

타인의 감정을 이해하고 행동적인 특성에 대하여 분별을 쉽게 하여 동기 및 욕구와 같은 이해관계를 파악하고 적절하게 대응하는 등 상대방과 서로 협력할 수 있는 능력을 말한다. 상대방에 대한 이해는 개인은 물론 여러 사람일 수도 있으며 또는 수많은 대중이기도 하다. 다양한 형태의 상대적인 관계에서 반응도 하고 대처하여 적응력을 발휘하는 능력이기도 하다. 부담 없이 접근하여 인간관계를 유지하고 상대와 원만한 협력적인 상황을 유지하는 능력이기도 하다. 원만하고 당당한 관계를 유지한다는 것은 상대에 대한 이해심을 바탕으로 이루어지기도 한다.

상대방의 마음을 이해하고 대처하는 가운데 폭넓은 대인 관계를 지향하고 협력적 관계 형성 속에 문제 해결 의지와 이성적인 판단으로 대처할 수 있는 능력을 말한다. 또한, 스스로 개척하고 도전하는 추진력으로 사람들을 설득하고 공유하는 가운데 협동하고 소통하는 능력을 말한다.

(2) 재능의 역할 및 직업 분류

본능적으로 타인에게 다정다감한 자세를 취하고 포근하게 대하며 쉽고 부담감 없이 접근한다.

부담을 많이 느끼지 않는 그런 감정은 상대적인 관점에서 정체 파악은 물론 타인 또는 대중적인 부분에서도 감정에 대한 조절과 분위기 감지를 잘하는 자세로 보인다. 그러한 조절 능력을 바탕으로 타협하거나 협상력을 발휘하여 분위기를 자신이 의도하는 원만한 방향으로 이끌어 가기도 한다. 원만함이 때에 따라서는 양보하는 미덕과 같은 것처럼 보여도 자신만만하게 보인다는 것이다. 그러한 당당함이 상황에 대한 좋고 나쁨보다 원만하고 대중적인 관계 유지는 물론 적극적인 역량을 발휘한다고 보면 된다. 적극적으로 행동하고 반응을 하게 만드는 가운데 방향을 설정하고 추진하는 능력이기도 하다. 강한 추진력을 기반으로 공동체에서는 협조적인 소통은 물론 원만한 관계를 이끌어가는 역량 발휘라고 보면 된다. 그러한 협조적인 원만함이 개인적이고 사적인 감정보다 팀워크와 단체에 중추적 역할을 주도하여 자신만만한 행동으로 이어진다고 보면 된다. 그뿐만 아니라 자신 있는 행동과 같은 재능은 목표를 설정하여 힘차게 나가고자 하는 능력이라고 보아도 좋을 것 같다. 이러한 대인 관계 재능은 사람과 사람이 함께 사는 현대 사회에서는 꼭 필요한 사회성과 같은 재능이라고 보아도 무방하다. 사회성은 혼자서 이루어지지 않으며 타인이 자신에 대하여 협조적인 도움과 이해를 바탕으로 상호 간에 상대적이라고 보아야 한다. 상대적인 인간관계에서 타협적이고 우호적인 행동은 물론 활동하는 것을 잘하는 대인 관계 재능이 우수한 사람의 직무는 다음과 같다. 협상 관련, 조직 관리, 교육 관련, 코치 관련, 사회봉사단체 관련, 영업 관련, 판매 관련, 싱딤 관련, 중개 관련, 행정 관련, 여행 관련, 방송 관련 등 원만한 대인 관계를 통해 서로 협력을 도모하는 일들이 적합하다.

2. 자기 이해 재능

(1) 재능의 특징

자신이 느끼는 내면의 감정을 정확히 이해하여 어떠한 상태에 놓여 있는지 분별을 하는 재능이다. 그러한 분별은 효율적으로 자신의 감정을 조절할 수 있는 신념으로 자기 의지에 대한 믿음을 절대적으로 신뢰한다고 보면 된다. 자신을 절대적으로 믿는다는 것은 내면의 감정에 대하여 솔직하게 접근하는 태도로 비추어지기도 한다. 그러므로 스스로 심사숙고하게 고민하여 그에 따른 행동의 방향을 결정지어 자신감을 가지고 결론을 내리고 판단하는 능력이기도 하다.

판단에 도달은 물론 결과에 대한 책임을 지기 위해 온 힘을 다하는 지구력과 같은 행동으로 나타나기도 한다. 인내하는 지구력을 바탕으로 자신을 사랑하는 자아 존중과 자기 자신에 대한 발전 방향을 지속해서 도모해 나아가는 특징을 가지고 있다. 은근하고 지속적인 발전을 위하여 자신이 가지고 있는 모든 역량을 집중시켜 능력을 키워나가도록 도와주는 특징을 가지고 있다.

그러한 특징이 있기 때문에 해야 할 것과 해서는 안 될 것에 대한 분별력 또는 절제력이 우수하게 나타나는 것이다. 결정 내지는 판단은 자기 노력에 최선을 다하여 결과에 따른 보상을 얻고자 하는 만족감으로 이어지기도 한다. 자신이 해낸 일들에 대한 만족스러운 감정은 자신감을 얻어 자존감으로 발전되어 나가는 특징을 가지고 있다. 또한, 자존감을 바탕으로 만족스러운 결과 보상을 위해 정진하고자 하며, 잘못된 부분은 자기반성을 통해 개선 의지를 가지고 발전을 모색하는 능력이다.

특히 자기 이해 재능은 다른 재능에 대한 지속적인 발전을 이끌어주는 원천적인 근원이 된다고 보아도 과언이 아니다. 그래서 다른 어떤 재능보다 우선으로 발전을 시켜주면 효과적이다. 예를 들어 운동선수가 운동에 대한 재능이 있지만, 지속해서 노력하고자 하는 의지가 없으면 아무 소용이 없기 때문이다. 다소 운동에 재능이 부족해도 지속해서 노력을 하는 것이 오히려 더 좋은 결과가 있기 때문이다.

(2) 재능의 역할 및 직업 분류

판단하기에 적절하지 않은 추상적이고 비현실적인 상황을 현실적인 판단력으로 이해하여 자기 입장 반영을 잘한다. 입장에 대한 결론은 물론 방향성과 같은 확고한 자신감으로 적극적이고 강한 의지 표현에 익숙하다. 강인한 의지는 지칠 줄 모르는 정신력과 같으며 스스로 최선의 방향으로 이끌어 가는 것을 잘한다고 보아도 좋다. 또한, 측정 가능한 결과를 위하여 지속적으로 도전하게 만드는 도전 정신은 물론 내면의 감정에 충실하여 판단 또는 결정을 잘하도록 한다. 충실한 내면의 감정을 바탕으로 인내력과 책임감을 불러일으켜 끝까지 노력하고 원만하게 마무리를 잘하는 것이다. 책임감을 가지고 노력하고자 하는 가운데 실체가 분명하고 확고한 것을 지향하기도 하지만 인내심을 가지고 최선의 노력을 다하여 결과를 좋게 만든다는 것이다. 좋은 결과에 대한 자기 입장을 고려하여 임무와 같은 확고한 믿음을 가지고 집중을 잘하는 것이다. 고집스러운 집중력은 자신의 의지에 따른 재능 발휘를 목적으로 새로운 것을 배우는 것은 물론 마무리를 잘하도록 만드는 것이다.

새로운 도전과 같은 적극적인 자세는 열정이 넘치는 자신감으로 내면의 감정에 충실하게 비추어지며 긍정적인 에너지 발산을 하게 만드는 것이다. 긍정적이고 적극적인 에너지는 어떤 일을 하는 데 있어 힘찬 추진과 강한 의욕으로 나타나는 것이다. 자신감을 바탕으로 자신을 되돌아보는 데 익숙할 뿐만 아니라 타인의 감정을 잘 이해하여 용기와 활력을 불어넣어 주는 역할을 잘하는 것이다. 감정 조절과 같은 자기 이해 재능은 자신은 물론 타인의 감정에도 충실하기 때문에 의지력과 신념이 필요한 사람의 직무는 다음과 같다. 종교 관련, 상담 관련, 교육 관련, 운동 관련, 조직 관리, 글쓰기 관련, 영업 관련, 판매 관련 등 내면의 감정 조절을 토대로 자신의 발전은 물론 타인의 발전에 도움을 주는 일들이 적합하다.

3. 공간지각 재능

(1) 재능의 특징

시공간적 사물을 지각하거나 인지하여 형상화하는 등 폭넓은 생각을 토대로 다양한 사고를 하는 능력이다. 다양한 생각에서 비롯되는 재능은 물건을 보기 좋게 진열하는 등 새로운 것을 구상하고 디자인을 잘하는 능력이기도 하다. 디자인과 같은 능력은 창의적인 사고는 물론 독창적인 자신만의 영역을 가지고 있는 능력과도 같다. 그러한 능력을 바탕으로 다차원적인 사고와 구조의 변환을 통해 도형을 만들고, 그림을 그리고, 설계하는 등의 입체적 구도를 새로운 각도에서 변환시키는 능력으로 나타난다. 자유로운 상상력은 새로운 것을 추상하고 세심하게 관찰하여 창의적인 부분으로 발전되어가는 능력을 말한다. 창의적인 구상의 능력은 풍부한 생각을 바탕으로 다소 엉뚱하게 비추어지기도 하는 특징을 가지고 있다. 풍부하고 창조적인 상상력에 의한 사고의 다양성이 있기 때문에 독특한 생각을 한다고 보면 된다. 그러한 독특한 경험과 체험을 통해 사물과 대상을 추리하고 4차원적인 방법을 동원하여 시공간적 활용을 잘하는 능력으로 표현된다.

(2) 재능의 역할 및 직업 분류

독창적인 사고와 구상으로 생각하는 것을 정리하여 구체적인 방법으로 형상화하는 것을 잘한다. 보이지 않는 생각을 형상화하여 구체화하도록 만드는 상상력은 시공간을 아주 잘 활용하는 재능이라고 보면 된다.

폭넓은 상상력에서 비롯되는 다양한 형태의 구상은 창의적인 아이디어로 표현되며 뛰어난 감각이 필요한 일들을 잘하게 한다. 공간지각 재능은 감각이 우수한 것처럼 보이기도 하며 그러한 감각은 자유로운 상상력에서 비롯된다고 보면 된다. 풍부한 상상력을 바탕으로 디자인하거나 설계와 같은 과정을 분석 또는 정리하는 등의 일들을 잘 수행한다.

과정에 대해 구상을 하는 데도 체계적인 계획수립을 사전에 머릿속으로 충분히 하여 시간을 최소화한다. 사전 계획과 구상은 실행에 많은 도움을 주기도 하며 시공간적인 부분을 최대한 적절하고 효율적으로 활용을 잘한다.

상상력을 현실적인 부분에 적용하는 형태의 구상은 디자인 감각의 우수함은 물론 조리를 하거나 길을 잘 찾아가게 하기도 한다. 실행에 옮기기 전에 미리 생각을 충분히 하고 나서 구체적으로 구도를 잡고 실천해 가기 때문이다. 그러한 다양한 형태의 독특한 생각들이 창조적인 결과를 만든다고 보면 된다.

창의성이 우수하고 참신한 아이디어가 좋은 사람의 직무는 다음과 같다. 기획 관련, 설계 관련, 연구 관련, 음식 관련, 예술 관련, 창작예술 관련, 상담 관련, 사진 및 작가 관련, 특수교육 관련, 언론 관련, 디자인 관련, 엔지니어 관련, 공예 관련, 탐험 관련, 과학 관련, 기술 관련, 건축 관련 등 창조적으로 다양하게 아이디어를 만들어내는 직무가 적합하다.

4. 논리 수리 재능

(1) 재능의 특징

계산적이고 규칙인 방법에 의해 숫자를 나열하거나 공식을 대입시켜 문제를 해결해 나가는 능력이다. 문제 해결의 능력은 수학적인 부분의 숫자 또는 명제의 상징체계에 대한 체계적이고 단계적인 해결 능력을 말한다. 체계적인 단계에 의한 계산적인 방법을 논리 정연하게 풀어가거나 이끌어가는 재능이기도 하다. 논리적이고 계획적인 구상을 바탕으로 순서에 따라 치밀하게 나열해 가는 능력이기도 하다. 치밀함은 수학적이고 과학적인 방법으로 사물을 바라보고 추론하며 육하원칙에 입각한 계산적인 잣대로 평가하고 분석하는 능력이다. 분석적인 능력은 수학적인 계산을 잘하게 하기도 하며 개념에 대한 이해를 도모하는 재능으로 표현되기도 한다.

개념 정리를 통해 전개되어가는 과정을 논리적으로 표현하고 설명하는 능력을 발휘한다. 논리적인 전개 과정은 수학적인 부분이나 과학적인 부분에서 다양하게 나타나며 심지어 말을 유창하게 만드는 특징도 있다. 또한, 논리적이고 정석적인 사고에 의해 행동을 하게도 하고 새로운 사실에 대한 이해관계와 그에 따른 관계 정립과 같은 분류를 현실화하는 능력이기도 하다.

(2) 재능의 역할 및 직업 분류

개인주의적으로 표현되기도 하는 독자적인 행동과 새로운 일에 대하여 계산적이고 체계적인 방법을 동원하여 진행을 잘한다. 계산적인 방법에 의한 쉽고 빠른 결과 선택은 다소 이기적으로 비추어지기도 한다. 계산능력으로 비추어지는 재능은 자신의 능력을 지지하고 믿음에 대한 강한 추진력과 에너지 발휘에도 적극적으로 반영된다. 숫자에 민감하고 개념정리에 대한 판단은 미래에 대한 비전 수립과 계획을 세워 단계적으로 실행하는 데 많은 도움을 주며, 계획을 세우고 방향을 설정하는 등의 프로세스와 같은 정립을 논리적으로 구상한다는 것이다. 논리적인 구상을 통해 연구하고 분석하는 과학 관련 또는 심층적으로 분석이 요구되는 금융 부분의 증권 관련과 같은 부분에서 능력을 발휘하는 재능이기도 하다.

자신에게 당면한 과제는 물론 진행하고자 하는 일들에 대하여 주도면밀하게 접근도 하지만 과학적으로 분석한다고 보면 된다. 분석을 통해 이해하고 현실적인 상황을 충분히 고려하여 이상적인 목표도 수립하고 객관적으로 평가한다. 논리·수리 재능이 우수한 사람은 계산은 물론 평가 분석에 대한 흥미가 있기 때문에 스스로 결과를 인정하기 위해 육하원칙에 의한 결론을 찾는다. 기승전결과 육하원칙에 입각한 논리적이고 수리적인 부분의 재능은 수학은 물론 말의 설득력으로 표현되는 언어 재능에도 영향을 미친다. 계산적이고 분석적인 사고는 물론 과학적인 체계 구축 재능이 우수한 사람의 직무는 다음과 같다. 수학 관련, 과학 관련, 연구 개발, 통계 관련, 금융 관련, 회계 관련, 분석 관련, 디자인 관련, 컴퓨터 프로그램 관련, 설계 관련, 의료 관련, 교육 관련, 건축 관련, 글쓰기 관련 등 체계적으로 업무를 수행하여 결과를 만들어내는 직무가 적합하다.

5. 신체 율동 재능

(1) 재능의 특징

신체 율동 재능은 운동신경과 같은 체육 활동을 통해 신체적인 몸짓으로 표현하는 특징을 가지고 있다. 신체적인 몸짓의 민첩성 있는 행동은 신체의 각 부위의 조화로운 협조로 표현된다. 그러한 신체 각 부위의 자연스럽고 민첩한 동작들은 외적으로 보이는 행동 능력이라고 하며 몸동작과 같다. 몸동작으로 표현되는 테크닉이나 제스처와 같은 상징체계를 몸으로 쉽게 익히기도 한다. 또한, 쉽게 익히는 것을 뛰어넘어 신체를 통해 창조하는 활동적인 표현력으로 예술적으로 표출시키기도 한다.

각종 몸동작, 몸으로이 표현 등 신체활동에 몰입하는 능력으로 무용이나 스포츠와 같은 신체적인 표현을 통해 자신의 내면의 에너지를 발산하여 역량을 발휘하는 특징이기도 하다. 빠른 몸놀림이나 지속적인 활동과 움직임은 물론 몸을 사용하여 행동하는 것을 좋아한다. 몸으로 표현하고 본능적으로 반응하여 외부적인 활동력이 우수한 능력이기도 하다.

(2) 재능의 역할 및 직업 분류

신체 운동을 통해 움직이거나 활동과 같은 외부적으로 표현되는 몸동작의 역할이다. 몸을 통해 표현해내는 것은 움직임의 민첩성과 같으며 몸이 반응하는 정도의 차이로 구분할 수 있다. 반응이 빠르고 느린 것은 물론 몸을 움직이는 것 자체도 포함한다. 신체 율동 재능이 낮은 사람은 몸을 자주 움직이거나 몸을 통해 할 수 있는 동작도 별로 좋아하지 않는 특징을 가지고 있다. 즉 몸을 많이 움직이는 것도 싫어한다고 보면 된다.

반대로 신체 율동 재능이 우수한 사람은 많이 움직이는 것은 물론 유연성도 좋으며 몸놀림이 좋다. 몸으로 표현해내는 몸동작 또는 그에 따른 각종 반응이 좋아 자연스럽기도 하지만 자신도 만족스러워한다. 그러한 만족스러운 각종 몸놀림을 통해 운동을 잘하거나 춤과 같은 외부적 활동을 잘하는 것이다. 외부적으로 보이는 활동과 같은 것은 활동적인 테크닉과 같은 동작도 있지만, 부드러운 유연성도 있다. 구조적으로 빠르게 반응을 하는 스포츠에서 신체 율동 재능은 행동의 민첩성 내지는 기술과 같다. 민첩한 몸놀림의 기술과 같은 즉흥적이고 즉각적인 반응이 아주 잘 조화를 이루고 있다고 보면 된다.

따라서 생각이나 느낌을 글이나 그림보다는 몸으로 표현하고, 가수들이 노래할 때 율동을 쉽게 따라 하는 등 조화로운 몸동작을 통해서 하는 각종 활동이 신체 율동 재능이라고 보면 된다. 조화로운 몸동작은 물론 몸의 반응과 같은 활동적인 재능이 우수한 사람의 직무는 다음과 같다. 스포츠 관련, 무용 관련, 경찰 관련, 군인 관련, 경호 관련, 연극 관련, 물리치료 관련, 여행 관련, 공예 관련 등 몸의 균형 감각과 촉각을 통해 반응하거나 업무를 수행하여 결과를 만들어내는 직무가 적합하다.

6. 신체 조작 재능

(1) 재능의 특징

신체의 전신 또는 일부를 활용하는 재능으로 특히 손동작과 같은 것으로 표현한다. 손동작은 손을 활용하여 어떠한 문제를 해결하거나 손으로 조형물을 만들고 창작해 내는 것이다. 사람은 손을 인체의 어떤 부위보다 월등히 많이 움직이는 특징을 가지고 있다. 손을 자유자재로 움직이고 손을 통해 수행해내는 일이 무수히 많아 인간의 두뇌 발달에 한몫한다고 보아도 된다. 그러한 손으로 표현해내는 능력을 일컬어 신체 조작 재능이라고 하며 신체 율동 재능을 세분화하여 동작 일부와 같이 느껴지기도 한다.

신체의 동작에 대한 재능을 구분하기가 다소 어려워서 대표적으로 손동작 또는 손으로 표현하는 것들을 신체 조작 재능이라고 하는 것이다. 손을 움직여서 무엇인가를 만드는 것은 물론 발가락을 활용하여 표현하는 동작도 신체 조작 재능이다.

(2) 재능의 역할 및 직업 분류

손을 활용하여 물체를 조작하거나 분해 조립을 하는 것으로, 손으로 하는 행동들을 잘 수행한다. 손을 통해 조작하는 것은 물론 도구 및 기계를 활용하여 제작 또는 문제를 해결하는 능력도 포함된다.

다양한 형태의 손동작은 민감한 시스템의 조작과 같은 손기술로 표현한다. 예를 들어 그림을 그리고, 도자기를 만들고, 가구를 만들고 하는 각종 손기술과 같은 다양한 형태의 일들을 잘한다. 손기술에서는 특히 섬세하고 민감하게 반응하는 것을 말한다. 그러한 반응에 대한 것을 잘하기 위해서는 손이 가지고 있는 감각도 좋아야 한다. 물론 손이 가지고 있는 감각기능은 누구나 있지만, 월등히 예민하고 앞서 있다고 보면 된다. 예민하고 섬세한 감각이 있기 때문에 무엇인가 만들기도 하고 귀찮아하지 않는 것이다.

다른 어떤 행위보다 손으로 하는 것이 훨씬 자연스럽고 기계적으로 반응하는 것처럼 느껴지기도 한다. 수많은 반복 훈련도 우수한 조작 재능이 있기 때문에 가능하며 똑같은 시간을 투자해도 더 빨리 적응도 하고 동작도 빠르게 나타난다. 그래서 조작 재능은 손으로 하는 다양한 형태의 각종 동작은 물론 모든 손기술이 포함된다고 보아야 한다. 그러한 손기술은 손재주가 좋은 사람 혹은 손재주가 많은 사람이라고 표현을 한다. 섬세한 손동작은 물론 손으로 하는 다양한 조작 재능이 우수한 사람의 직무는 다음과 같다. 예술 관련, 공예 관련, 마술 관련, 조각 관련, 공학 관련, 의료 관련, 악기 연주 관련, 도예 관련, 건축 관련, 치과 관련, 엔지니어 관련, 안무 관련 등 손의 섬세한 감각 통해 표현하거나 업무를 수행하여 결과를 만들어내는 직무가 적합하다.

7. 청각 음악 재능

(1) 재능의 특징

청각 음악 재능은 음악과 관련된 구조와 같은 짜임새 또는 리듬과

선율을 잘 받아들이고 이해하는 재능이다. 음악을 이해한다는 것은 악기를 연주하거나 음악적인 감각을 가지고 작곡을 하는 것도 포함된다. 음악적인 재능은 단순히 행동으로 표현되는 것에 국한되지 않고 리듬에 대한 절대 감각과 같은 감각도 있다.

감각이 우수하다는 것은 듣는 기능인 청각 부분과 조화가 잘 이루어지기 때문이다. 청각적인 부분의 받아들이는 정도가 예민하게 발달이 잘되어 있기 때문에 가능한 것이다. 예민하고 정교한 반응은 음악적 감각과 같은 리듬감은 물론 상징체계에 민감하게 반응을 한다. 민감한 음악적인 반응은 청각적인 감각의 능력으로 받아들이고 이해하는 재능이다. 받아들이는 정도가 우수하여서 음악적인 부분의 각종 형태의 능력을 발휘하는 것이다.

다양하게 표현되는 음악적인 행동들이 섬세하고 체계적인 청각과 조화를 잘 이루기 때문에 가능하다.

(2) 재능의 역할 및 직업 분류

노래를 부르거나 악기를 다루는 등 음의 높이를 잘 이해하고 구별을 잘한다. 소리 패턴에 민감하게 반응하여 노래를 쉽게 따라 부르기도 하고 리듬 감각으로 박자를 잘 맞추기도 한다. 소리를 구별하여 박자를 맞추는 리듬 감각은 악기를 잘 다루게 한다. 악기를 잘 다룬다는 것은 리듬에 대한 감각 또는 음악적인 감각도 있지만, 소리를 민감하게 받아들이기 때문이다. 민감한 소리 반응으로 노래를 부를 때 리듬을 잘 타기도 하며 박자 변화에 조절이 좋다. 박자와 리듬감을 통해 춤으로 표현을 하거나 장단을 잘 맞추기도 한다. 리듬에 맞추어 움직이는 감각은 악기를 통해 연주를 잘하게 하기도 한다. 음의 진동에 민감한 리듬 감각은 노래도 좋아하게 만들기도 하며 연주를 통해 작곡도 한다. 작곡과 같은 부분은 음조와 소리 패턴에 대한 기억이 좋기 때문이다. 듣는 것이 민감하고 섬세하기 때문에 가능하며 박자 변화에도 빠르게 감지하는 등 청각적인 부분도 한몫한다. 노래를 듣거나 음악에 따라 흥얼거리기는 것도 잘하여 노래 가사에 대한 기억이 좋기도 하다. 음악적 관점에서 기억하고 표현하는 것이 우수한 사람의 직무는 다음과 같다. 음악 관련, 음향 관련, 작곡 관련, 음악 치료 관련, 반주 관련, 성악 관련, 진행 관련, 조율 관련, 악기 관련, 음악 평론, 가수 등 음악적 감각을 통해 표현하거나 업무를 수행하여 결과를 만들어내는 직무가 적합하다.

8. 언어 구사 재능

(1) 재능의 특징

언어적인 재능은 말과 글이라는 상징체계에 대한 것을 생각하거나 느낌 또는 소견을 가지고 표현하는 것이다. 느끼고 있는 상태의 생각과 감정 같은 것들을 외부로 표출하거나 타인에게 설득력 있게 전달하는 것도 포함한다. 남들을 설득하거나 판단하였을 때 쉽게 이해하는 것 역시도 언어적인 표현이 좋아서 가능한 것이다. 언어적인 표현 방식에 있어서 알아듣기 쉽게 전달하기 위하여 단어 사용에 대한 다양한 구사 방법을 동원하기도 한다. 다양한 단어 사용은 단어가 가지고 있는 의미와 변별력으로 언어적인 상징체계를 쉽게 받아들이고 이해를 해서 가능한 것이다.

언어 체계를 쉽게 이해하고 받아들이거나 습득하여 효과적으로 적용하기도 한다. 읽기를 잘하거나 말하기와 같은 언어 전반에 관련된 관심과 이해하는 정도는 물론 외국어를 쉽게 받아들이는 것이다. 언어를 표현해내는 방식과 다양하고 복잡한 단어를 쉽고 간결하게 구사하는 의사소통의 능력이기도 하다.

(2) 재능의 역할 및 직업 분류

언어적인 부분의 설득력에 대한 우수함은 머릿속에 머무르고 있는 다양한 생각들을 구체화 시켜 전달하는 것을 잘한다. 말로 표현해내는 것이 좋기 때문에 폭넓은 대화 방식과 의사소통을 통해 원만하고 적극적인 방법으로 설득하는 것을 잘한다. 말하기와 같은 언어적인 부분의 효과적인 전달력은 대화를 하거나 타인 또는 대중들에게 박수와 지지를 주기도 한다. 언어적인 표현 방식의 우수함으로 인하여 설득력있고 독창적인 방식으로 의사표현을 하거나 감정을 교류하는 의사소통을 하기도 한다.

감정의 교류에는 다정다감하게 이야기를 나누거나 서로의 생각을 집중하여 경청하는 것이기도 하다. 언어적인 부분의 우수함은 생각을 구체화하여 표현하는 것도 중요하지만, 받아들이는 청각적인 기능도 한 몫한다. 청각적인 부분과 언어적인 부분은 서로 일맥상통하는 것으로, 서로 유기적으로 보완관계를 이루고 있다고 보아야 한다. 언어적인 재능이 우수하다고 하여 말하기, 글쓰기, 외국어 습득 등 다양한 부분이 다 우수한 것은 아니다. 때에 따라서는 말은 잘하는데 글쓰기는 다소 약하기도 하며 또는 반대의 경우도 있다.

언어적이고 예술적인 표현력이 우수한 언어 구사 재능은 열정적인 생각이 외부로 표출되는 것을 좋아하기도 한다. 언어적 관점에서 말하고 표현하는 것이 우수한 사람의 직무는 다음과 같다. 연예 관련, 교육 관련, 강사 관련, 예술가, 소설가, 시인, 개그맨, 실용기술자, 디자이너, 가이드, 판매원, 연설가, 기자, 아나운서, 영업 사원, 리포터, 작가 등 언어적 감각을 통해 표현하거나 업무를 수행하여 결과를 만들어내는 직무가 적합하다.

9. 자연 관찰 (도상) 재능

(1) 재능의 특징

이미지 식별과 관련된 부분으로 어떠한 대상을 가지고 자유롭게 구상하여 입체적으로 형상화하는 재능이다. 시각적으로 보이는 다양한 형태의 것들을 주의 깊게 관찰하여 원하는 방향으로 형상을 바꾸기도 하며, 상황에 맞게 표현해내기도 한다. 시각적으로 보거나 비추어진 대상을 자유롭게 응용도 하고 다양한 각도로 해석하기도 한다. 보고 느낀 것을 다양한 방법을 통해 정보를 받아들여 분류하거나 식별하여 이해하기도 한다. 눈에 비치거나 눈으로 관찰하여 얻어진 정보를 토대로 통찰하거나 분석하여 적절하게 활용을 하는 능력이다. 각종 물건 등을 분류하여 식별하는 부분에 있어서 입체감 있게 연출을 하기도 한다.

입체감 있게 분류를 하거나 이미지화하는 것 역시 시각적인 부분을 응용하는 능력이기도 하다. 다양한 방법으로 형상화한다는 것은 소통과 같은 부분에서도 응용하거나 전개를 잘할 수 있는 능력이기도 하다.

(2) 재능의 역할 및 직업 분류

시각적으로 관찰하여 얻어진 정보를 바탕으로 다양한 결과를 만들어 내기 위하여 주의 깊은 관찰을 하기도 한다. 주의 깊게 관찰을 하는 것은 때로는 앞서 생각을 하게 만드는 예지를 하거나 판단력으로 비추어지기도 한다. 이미지화한다는 것은 생각을 계산적으로 하기보다는 그림을 그리듯이 눈에 보이는 것처럼 한다는 것으로 보면 된다. 직접 본 듯이 이야기를 하거나 연출하기 위해서는 경험치에서 얻어진 것과 같이 실질적이고 구체적이어야 한다. 영상으로 본 것처럼 이야기하거나 구체적인 방법을 제시한다는 것은 때로 진리처럼 느껴지기도 하여 상담하거나 소통에 도움이 되기도 한다.

대화하거나 누군가에게 이야기할 때에도 이미지를 보거나 펼친 것처럼 구체적이고 심도 있는 방법으로 전개한다. 자연에 대한 관심이나 이미지를 형상화하는 능력은 타인의 인생에 관심을 가지고 관여를 하거나 잠재의식을 깨우치도록 도와주는 것을 좋아한다. 치유와 같은 부분에서 구체적인 방법을 동원하여 직접 눈으로 본 느낌이 들 정도로 현장감 있고 적절한 표현을 사용하여 설득한다. 자연 관찰이라고 하는 것 역시 사람도 자연의 일부이기 때문에 자연에 대한 관찰의 관점에서 해석하고 표현하는 것이 우수한 사람의 직무는 다음과 같다.

심리치료 관련, 사회사업 관련, 종교 관련, 카운슬러, 코치, 트레이너, 세일즈 리더, 의사, 간호사, 침구사, 중간 관리자, 작사가, 약사, 한의사, 평론가, 환경 운동가, 수의사 등 자연과학과 관련된 감각을 통해 해석하거나 업무를 수행하여 결과를 만들어내는 직무가 적합하다.

10. 자연 관찰 (변식) 재능

(1) 재능의 특징

식물이나 동물과 같은 자연 생태계의 현상에 대한 관심을 가지고 깊이 있게 성찰을 하거나 탐구하는 것을 좋아한다. 자연현상이라고 하는 것은 시각적으로 비추어진 것을 깊이 있게 관찰을 하거나 고민하여 원인에 대하여 이해를 하기도 하며 해석을 해내기도 한다. 시각적으로 바라본 현상에 대하여 마음속에서 자리 잡은 생각을 구체화하거나 정리하여 이치에 맞게 구상하고 활용을 하기도 한다.

자연의 이치나 각종 자연의 현상 등 다양한 모습을 식별하거나 분류하여 적용하기도 한다. 사람의 내면의 상태도 자연 일부에서 비롯되는 현상과 같아서 심리적인 관점에서 보면 비슷한 부분이 매우 많다. 사람도 자연의 일부이기 때문에 큰 틀에서 보면 자연현상을 어떻게 바라보느냐의 차이가 있을 뿐 크게 다르지 않기 때문이다. 자연에 대한 이해와 해석이 좋으면 사람의 내면의 심리적인 부분은 물론 원인에 대한 분석도 좋다.

(2) 재능의 역할 및 직업 분류

자연현상에 대한 관심과 장점은 개인적이고 사적인 감정에 치우치기보다는 대중적이거나 자연적인 이치의 메시지에 집중한다. 자연의 이치를 바탕으로 원론적인 부분을 공표하거나 알리는 역할을 한다는 것이다. 내면의 감정에 충실하여 거리낌 없는 생각과 표현으로 원만한 의사소통은 물론 적절한 표현 기법도 좋은 편이다.

삶의 다양한 경험을 토대로 자연적인 현상을 접목하여 진리와 같은 문제를 적극적으로 설득하거나 표현을 잘한다. 깊이 있는 혜안과 통찰을 바탕으로 내면의 심리적인 부분도 자연현상과 비교하여 해석을 잘 해낸다. 비교적 원만하고 납득이 쉬운 방향을 선택하여 전달하거나 감각적인 부분의 직감력과 같은 것으로 소통한다. 자연현상을 직시하여 부드럽게 설득을 히기나 감정에 충실하여 원만하게 상황을 전개해 나간다. 서로의 입장에 대하여 감정을 공유하고 의사소통을 이루는 것을 좋아한다. 바라보는 안목이 대체적으로 형평성을 유지하기 때문에 객관적으로 평가하여 소통을 하기에 적절하다.

자연 관찰이라고 하는 것 역시 사람도 자연의 일부이기 때문에 자연에 대한 관찰의 관점에서 해석하고 표현하는 것이 우수한 사람의 직무는 다음과 같다. 작가, 대중 연설가, 저널리스트, 세미나 리더, 판매직, 분석가, 카운슬러, 사회사업, 종교 관련, 협상가, 중재자, 화가, 고고학자, 감정사, 자연과학자, 생물학자, 연구원, 조리사, 조경사 등 자연과학과 관련된 감각을 통해 해석하거나 업무를 수행하여 결과를 만들어 내는 직무가 적합하다.

II
지문 유형과 뇌 기능적 성향 해석에 따른 특성

임찬우

제1장
지문학과 뇌과학의 유사성 연구에 대한 필요성과 목적

교육은 인간이 중심이다.

이제 교육에서도 인간의 보편성과 다양성의 구별적 이해를 통해 지식의 합리적인 종합적 실용성을 추구할 때이다. 인간 개인을 위한 그리고 인간 사회를 위한 바람직한 교육이 이루어지기 위해서는 우선 보편적인 인간의 내적, 외적 특성 및 발달에 관한 학문적 연구를 통해 지식의 체계를 구축해야 한다.

인간의 행동과 심리(마음)를 이해하는 데, 객관적인 지식을 제공하는 데 있어서 두뇌는 인간의 행동과 심리를 결정하고 통제하는 중심이다. 따라서 두뇌의 작용과 특성에 대한 이해를 통하여 인간을 이해하는 것이 가장 합리적이고 종합적인 이해의 방법이라 할 수 있을 것이다. 특히 유아의 기질에 관한 진단은 부모나 보육 기관의 보육사나 교사의 관찰에 의한 것이어서 부모 간 또는 교사 간 진단이 주관적인 차이가 연구 결과나 해석에서 오차의 원인으로 작용할 여지가 많았다.

최근에는 의학적인 연구들의 결과로 유전자의 배열이나 기능, 지문이나 장문의 형태 그리고 호르몬의 작용들이 밝혀지면서 이를 통한 보다 객관적인 진단 자료들을 교육학이나 심리학의 분야에 활용할 수 있게 되었다.

현재 국내에서 시행하고 있는 객관적인 심리검사로 각광을 받고 있는 MBTI(성격 유형 검사), MMPI(다면적 인성 검사), 성격 진단 검사, 에니어그램, 인성 검사 등과 투사적 검사인 로샤 검사, TAT(CAT), 그림 치료 검사, 독서 치료 검사 등 기존의 심리 적성검사는 피검사자의 인지 영역 범위 내에서의 성격 또는 성향 및 지능을 유추한다는 한계를 지니고 있다.

　검사 당일 피검사자의 감정 변화 또한 검사 결과의 주요 변인으로 작용할 수 있으며, 때로는 질문이 요구하는 피검사자 자신의 의지보다는 일반적인 정답을 기재하는 때도 허다하므로 특히 나이가 어릴수록 검사 자체의 신뢰도를 담보하기가 힘들기 마련이다. 따라서 생득적인 요인에 대한 한 인간의 적성을 기존의 지필식 검사로 대체하기는 어려운 것이다.

　현재 유아들에게 많이 사용되고 있는 지문 적성검사는 피검사자의 의지가 전혀 반영되지 않은 상태에서 자신의 타고난 성향이나 기질을 지문 및 장문의 정보 분석을 통하여 알 수 있다. 지문 적성검사는 환경적인 요인을 완전히 배제한 순수한 유전적 정보만을 가지고 검사를 해서 현재까지의 심리 적성검사 방법 중에서는 생득적 인면에 대한 정보를 알아낼 수 있는 심리 적성검사라고도 할 수 있다.
　지문 적성검사는 개인의 타고난 인격적 유형과 학습에 대한 민감도 및 한 개인에게 알맞은 학습 방법을 찾아서 이를 종합적으로 분석한 자료를 토대로 인격 유형과 지능의 우월 순서에 따른 적합한 직업(전공 과목)에 대한 안내를 해주므로 어릴 때부터 자신의 진로를 개척해 나가는 데 도움을 줄 수 있다고도 한다.

　또 지문은 지구 상의 모든 사람이 가지고 있으며 각기 다르고, 또한 평생 변하지 않는 특수한 수문(手紋)이다. 인간이 살아가면서 환경이나 교육의 정도에 따라서 변화해가지만 지문은 평생 변하지 않는 고유의 유전적 정보이기도 하다.

  일반적으로 지문에 따라서 성격을 평가하고 각 지문의 특성을 일상생활에도 활용하고 있으며, 지문과 특수 질환과의 관계 연구도 있으나 지문에 따른 체계적인 연구는 많지 않은 실정이다. 지문만으로 편견이나 차별을 유도하는 것은 바람직하지 않다. 지문으로 성격을 판단할 근거는 없지만, 지문 상태가 다르면 뇌의 생리작용이 다를 수 있으며 지문과 뇌 기능 관계를 엿볼 수 있다. 성격이나 성향에 관한 연구는 선천적이냐, 후천적 환경의 영향을 받느냐의 두 가지 관점에서 연구되었다.

제2장
뇌의 구조와 기능

뇌는 인간의 신체 가운데에서 정보 처리를 담당하는 조직으로 좌반구와 우반구로 나누어져 있으며, 대뇌의 경우 두 반구 사이에 뇌량이라는 연결 구조가 있어서 두 반구를 기능적으로 연결하여준다. 이들 좌·우반구는 뇌량을 통해서 초당 수만 번씩 정보를 교환하여 하나의 통합 기능을 수행하게 된다. 뇌의 겉면인 대뇌피질은 수십억 개의 뉴런과 뉴런 상호 간을 연결하는 시냅스로 구성되어 있고, 대뇌의 영역들은 의식과 행동 조절 기능을 위해 상호 작용을 한다. 대뇌피질의 서로 다른 영역들은 고차원적인 정보 처리 기능을 담당하며 이러한 고차원적 기능을 담당하는 영역들을 연합 피질(association cortex)이라 한다. 전전두피질을 포함한 대뇌피질의 표면은 전두엽(frontal lobe), 두정엽(parietal lobe), 측두엽(temporal lobe) 및 후두엽(occipital lobe)의 4엽으로 나누어진다. 그리고 두정엽, 측두엽, 후두엽은 전두엽과 달리 인간의 체성, 시각, 청각, 미각, 후각 등과 관련된 감각피질이다. 또 뇌의 부위에 따른 분류에서는 상위 뇌, 중위 뇌, 하위 뇌 등으로 구분할 수 있다. 다음 〈그림1〉은 뇌의 구조에 관한 그림으로 각 부분에 대한 기능은 다음과 같다.

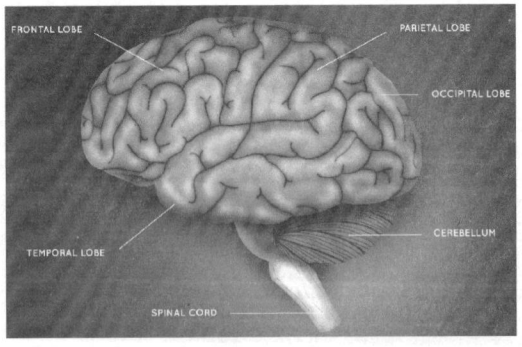

〈그림1〉 뇌의 구조(출처: www.freeqration.com)

1. 전두엽(frontal lobe)

전두엽(frontal lobe)은 운동 피질과 전전두피질을 포함하며, 뇌의 앞쪽에 있다. 전두엽의 내 측면 부위는 뇌의 활동 상태를 통제하는 대뇌피질 기구로서 대뇌피질의 각성 상태를 유지하게 해주고, 주어진 과제를 수행할 수 있도록 의식 상태를 조절해 주는 역할을 한다.

또한, 정서적인 변연계와 신피질의 전두엽이 연결되면 인간의 창의성 발달이 극대화될 수 있다고 알려져있다. 전두엽의 맨 앞부분에 있는 전전두엽은 운동 피질의 이차 영역뿐만 아니라 대뇌피질의 각성 상태를 조절하는 망상 체계 부위와 정보를 수용하고 분석하여 저장하는 뇌의 기능 단위 구조들과도 밀접하게 연결되어 있으며, 인간의 인지 및 사고 작용, 창의성을 관장하고 있다.

전전두엽(prefrontal lobe)은 인간의 고도 정신 활동을 담당하는 영역이라고 할 수 있는데, 다른 동물과 비교하여 사람에게서 가장 크게 발달한 부분이기도 하다. 따라서 전전두엽은 인간의 창조력을 발생시키는 곳으로 즐거움과 관계가 깊다.

전전두엽의 기능이나 역할 등에 대해서 다양한 관점에서 연구된 결과들이 있는데 요약하면 다음과 같다. 언어(language), 이성(reasoning)이나 계획(planning)과 같은 고차원적인 인지 기능을 수행한다고 설명하고 있으며, 전전두엽 EEG(뇌전도)에서 알파(α)파의 비대칭은 우울증과 관계가 있으며, 인지 기능의 장애를 초래한다고 밝히고 있다. 그러므로 전전두엽에 있는 신경 전달 물질인 세로토닌이 부족하면 우울증

(major depression), 자살(suicide), 폭력(violence)과 알코올 중독(alcoholism)과 함께 다른 심리 병리학적 영향도 미친다고 밝히고 있다.

2. 두정엽(parietal lobe)

두정엽(parietal lobe)은 후두엽(occipital lobe)과 피질 표면에 가장 깊은 홈 가운데 하나인 중심구와 중심구(centralsulcus)사이에 위치한다.
두정엽의 기능은 촉각, 근신장수용기 그리고 관절 수용기 등에서 유입되는 신체 정보를 처리하는 기능이 있다.

3. 측두엽(temporal lobe)

측두엽은 좌뇌 반구의 외측 부분(관자놀이 부근)에 위치하며 외부로부터 들어오는 청각 정보가 일차적으로 전달되는 피질 영역이다.

측두엽의 기능은 언어의 이해, 얼굴의 재인 기능, 정서나 동기 행동 등에 관여한다. 특히 왼쪽의 측두엽은 구어를 이해하는 데 필수적이다. 측두엽에 종양이 생기게 되면 정교한 시각적 환각이 야기되기도 한다.

4. 후두엽(occipital lobe)

후두엽(occipital lobe)은 피질의 뒤쪽 끝에 위치하는데, 시각 통로에서 입력을 받는 시상 핵의 축삭이 존재하는 곳이다. 후두엽의 가장 뒷부분을 일차 시각피질(primary visual cortex) 또는 피질을 얇게 자른 절편에 줄무늬가 있다고 하여 선조 피질이라고도 한다.

 선조 피질의 어떤 부분이 파괴되면 이와 관련된 시야에 피질성 맹이 나타나며, 종양이 생기게 되면 섬광과 같은 단순한 감각이 유발되는 예도 있다.

제3장
대뇌반구의 기능 분화

1. 뇌 기능의 편재화

대뇌반구의 생리학적 구분에서 우뇌 반구는 왼편의 신체를 관장하고, 좌뇌 반구는 오른편의 신체를 관장하는 의미에서 본다면 좌뇌는 오른손의 영역과 관계하고 우뇌는 왼손의 영역과 관계하게 된다.

이때의 우뇌는 감성적 사유에 속하고, 감정의 인상을 주관하며, 좌·우뇌의 우위성에 큰 차이가 있는 사람이라면, 즉 우뇌에 편향된 사람은 직감적 창의를 하는 경향이 있고, 환경 또는 학습 개념에 따라 반응하기를 좋아한다는 것이다.

차이가 지나치면 몽상가가 되기 쉽고, 전체적 관점에서 감성적으로 사물을 보고 대하는 경우가 많다는 것이다. 또한, 인간의 대뇌는 서로 다른 기능을 수행하는 좌반구와 우반구로 나누어져 있다.

좌·우반구는 서로 다른 방식으로 정보를 받아들이고 해석하며, 한쪽 반구는 다른 쪽 반구보다 〈표1〉의 뇌 기능의 편재화와 같이 특정한 과제를 더 잘 수행할 수 있도록 발달하여 있다.

이와 같은 좌·우뇌의 기능적 차이를 두뇌 과학에서는 뇌의 기능 분화 또는 대뇌반구의 기능 분화라고 한다. 이 이론은 대뇌 기능 국재설, 편측성, 편재화, 비대칭성, 특이성 등으로도 불린다. 최근 20년 동안 대뇌피질 비대칭성과 정서의 연관성에 관한 많은 연구가 행해졌다.

양쪽 반구 활성화의 차이를 대뇌피질 비대칭성이라고 하며 이는 뇌의 기능이 좌·우반구에 편재화되어있음을 의미한다.

대표적 연구자인 Davidson(1994)은 좌·우측 전두엽의 활성화 차이가 접근·회피 성향의 지표라고 주장한다. Sutton & Davidson(1997)의 연구 결과는 안정된 상태에서 좌측 전두 피질의 높은 활성화는 접근성향과 정적 상관이 있고, 우측 전두 피질의 높은 활성화는 회피성향과 정적 상관이 있음을 보여주었다.

〈표1〉 뇌 기능의 편재화

좌뇌 반구	우뇌 반구
언어적	비언어적, 시공간적
계열적, 디지털	병렬적, 아날로그
논리적, 분석적	형태적, 종합적
합리적	직관적
서양적 사고	동양적 사고

2. 뇌 기능의 특성

긍정적 정서는 좌반구 전두엽 활동 증가와 함께 발생하며 회피와 관련된 부정적 정서는 우반구 전두엽 활동 증가를 수반한다.
행동 성향과의 관련에서는

좌뇌의 베타가 활성화되면 행동 지향적이며. 이성적, 논리적, 수리적이고 언어 능력이 발달하며 외부 자극에 긍정적이고 적극적인 반응을 보이다. 준비성이 뛰어나며 계획적이다(긍정 성향, 접근 성향).

우뇌의 베타가 활성화되면 감성적, 직관적, 종합적이고 예술 능력이 발달하며 외부 자극에 신중, 억제, 비판적인 반응을 보인다(부정 성향, 회피 성향).

또한, 칭찬과 인정을 좋아하며 행동 없이 생각만 있을 수 있다. 또한, 정서적 성향은 조증과 울증의 경향성을 말하는 것이다. 성향은 좌·우뇌 알파파 진폭의 차이와 상호 연관성에 의하여 구할 수 있다.

뇌파 비대칭성이라는 특성이 정서적인 자극에 대한 반응을 예견할 수 있는 경향성이라고 제안하였으며, 비대칭성의 측정치는 α파를 측정하여 우반구의 α값에서 좌반구의 α값을 빼서 얻어진다.

'−'값은 좌반구보다 우반구의 활성화를, '+'값은 반대로 좌반구의 활성화를 의미하며, 성서 시수는 정서적 인정, 불안정 상태를 나타내며, 성향은 조증과 울증의 편향도를 말한다.

명랑 성향(−값)으로 나오면 밝고 활달하며, 외향적이며 사람과 관계에 관심이 많으며 통제와 조정을 잘한다고 본다. 우울 성향(+값)이면 내향적이며 조용하며, 침착하고 사실과 진실에 관심이 많다고 본다.

점수가 낮을수록 그 정도가 심하다. 따라서 베타파의 활성도에서 정서 지수의 성향은 명랑과 우울로 구분되며, 명랑은 좌뇌의 활성화이고 우울은 우뇌가 활성화되었음을 의미한다.

또한, 좌뇌가 활성화되면 이성적, 논리적, 수리적이고 언어 능력이 발달하였으며, 외부 자극에 긍정적이고 적극적인 반응을 보이고, 우뇌가 활성화되면 감성적, 직관적, 종합적이고 예술 능력이 발달하였으며 외부 자극에 부정적이고 비관적인 반응을 보인다. 그러므로 가장 이상적인 것은 좌뇌와 우뇌의 활성도가 거의 비슷하게 균형이 맞고, 점수가 높은 것이라고 하였다. 활성 지수는 뇌의 활성 정도를 나타내는 지수로써 정신적 활동과 사고 능력 및 행동 성향을 판단할 수 있다.

좌뇌와 우뇌의 활성 지수가 거의 비슷하게 균형을 유지하면서 높은 것이 좋다. 어느 한쪽이 너무 높거나 낮으면 언어 장애, 정서 불안, 행동 성향 불안정, 기억력 감퇴 등 뇌 기능 불균형의 문제가 발생할 수 있다.

활성 지수는 알파(α)파와 낮은 베타(slow β)파에 대한 분석을 통하여 구할 수 있다. 정서 지수는 정서적 안정, 불안정 상태를 나타낸다.

성향은 조증과 울증의 경향성을 말하는 것이다. 이것은 주의 지수 및 활성 지수와 비교하여 판단하여야 하며 점수가 낮을수록 정도가 심한 것을 의미한다.

정서 지수는 좌·우뇌 알파파 진폭의 차이와 상호 연관성에 의하여 구할 수 있다.

뇌파 측정을 통해 나타난 뇌 기능의 특성은

〈표2〉의 뇌파 측정을 통해 나타난 뇌 기능의 특성과 같이 활성 지수(ACQ: Activity Quotient)는 뇌의 활성(긍정, 부정) 정도 판단의 기능을 가

지며, 정서 지수(EQ: Emotion Quotient)는 정서적 균형(조울) 상태 판단의 기능을 가진다.

<표2> 뇌파 측정을 통해 나타난 뇌 기능의 특성

분석 지수	의미
활성 지수(ACQ: Activity Quotient)	뇌의 활성(긍정, 부정) 정도 판단
정서 지수(EQ: Emotion Quotient)	정서적 균형(조울) 상태 판단

3. 뇌파 분석에 의한 뇌 기능의 성향의 특성 분류

행동 성향과 정서 성향은 〈표3〉의 행동 성향과 정서적 성향의 특성 분류처럼 행동 성향은 긍정과 부정으로, 정서적 성향은 명랑과 우울로 분류할 수 있다.

긍정은 행동 지향적, 활동적, 외향, 미래지향, 새로운 시도, 직관(육감), 미래지향 변화 추구, 계획표(자료 수집, 평가 기획, 원인과 결과), 논리적, 미리미리 챙김(준비, 판단, 사고 등) 감각 및 융통성으로 적응함 등의 특성을 가진다.

부정은 억제형, 비판적, 내향, 조용, 신중, 감각(오감), 현실 수용, 계획표 변경 일을 미루어두었다가 한꺼번에 처리, 인식, 감각, 직관적인 생각, 느낌, 행동 없이 생각만 함, 자기 내부적인 통제와 조정 등의 특성이 있다.

명랑은 외향적, 활발, 적극, 친구들과 잘 어울림, 개방적, 능동, 그룹 작업 선호, 변화적인 행동 선호, 인사를 잘함(외부 활동에 적극), 사람에 대한 관계나 관심, 자기 외부의 주의 집중 강함, 주관적 판단, 자율적 행동의 특성을 띤다.

우울은 내향적, 조용, 침착, 부끄러움, 수동, 혼자 수업, 이름, 얼굴 기억하기 힘들어함, 내부 활동에 적극, 자기 내부의 주의 집중 강함, 객관적 판단 등의 특성을 가진다.

〈표3〉 행동 성향과 정서 성향의 특성 분류

긍정	행동 지향적, 활동적, 외향, 미래지향, 새로운 시도, 직관(육감), 미래지향 변화 추구, 계획표(자료 수집, 평가 기획, 원인과 결과), 논리적, 미리미리 챙김(준비, 판단, 사고 등) 감각 및 융통성으로 적응함
부정	억제형, 비판적, 내향, 조용, 신중, 감각(오감), 현실 수용, 계획표 변경 일을 미루 어두었다가 한꺼번에 처리, 인식, 감각, 직관적인 생각, 느낌, 행동 없이 생각만 함, 자기 내부적인 통제와 조정
명랑	외향적, 활발, 적극, 친구들과 잘 어울림, 개방적, 능동, 그룹 작업 선호 변화적 인 행동 선호, 인사를 잘함(외부 활동에 적극), 사람에 대한 관계나 관심, 주의 집중이 자기 외부, 주관적 판단, 자율적 행동
우울	내향적, 조용, 침착, 부끄러움, 수동, 혼자 수업, (이름, 얼굴) 기억하기 힘들어함, 내부 활동에 적극, 자기 내부의 주이 집중 강함, 객관적 판단

제4장

뇌 파

1. 뇌파의 종류와 특성

뇌파는 뇌세포 간의 정보 교환 시 발생하는 전기적 신호로써 뇌전도(EEG: electro encephalogram)라고도 불리며, 뇌 활동의 지표 혹은 뇌세포의 커뮤니케이션 상태를 나타낸다. 뇌파는 뇌의 활동 상태와 활성 상태를 보여주는 중요한 정보를 가지고 있으며, 의식 상태와 정신 활동에 따라 변하는 특정한 패턴이 있다.

뇌파(brain waves)는 뇌에서 발생하는 0.1Hz~80Hz에 걸친 넓은 저주파 영역을 포함한 작은 파동 현상으로 두피로부터 대뇌피질의 신경 세포군에서 발생한 미세한 전기적 파동을 체외로 도출하고 이를 증폭해서 전위를 종축으로 하고 시간을 횡축으로 해서 기록한 것이다. 신경의학적인 관점에서 두뇌의 상태와 기능을 진단하는 방법으로 신경 전류에 의한 전기적 포텐셜(electricpotential)을 검출하는 EEG(뇌전도), 신경 전류에 의한 자기상을 검출하는 MEG(magneto encephalography 자석 뇌조영 촬영법), 방사성 포도당을 혈액에 주입하여 양전자의 쌍이 소멸 발생하는 감마선의 검출에 의한 PET(Positron Emission Tomography), 양전자 방출 단층 촬영 그리고 신경 세포 활동 시 혈액 속 헤모글로빈의 산소 함유량 변화를 검출하여 이를 영상화하는 f-MRI(functional-Magnetic Resonance Imaging 기능적 자기 공명법) 등이 있다. 이러한 방법들은 생리학에서 많이 사용되는 미세 전극에 비교하여 머리에 절개 없이 뇌 활동 상태를 검출할 수 있다는 장점이 있어 활발히 연구되고 있다. 그러나 PET나 MRI는 뇌의 인지 과정을 시간상으로 충분히 따라갈 정도가 되지 않으며, MEG의 경우에는 초전도 양자 간섭 소자(SQUID: Superconducting Quantum Interference Device Array)가 매우 고가지만, MEG의 해석 결과가 EEG와 큰 차이가 없음이 보고되고 있다. 이에 비해 EEG는 객관적, 비침습적, 연속적으로 간단하게 대뇌 기능을 평가할 수 있는 검사법으로, 현재 대뇌 기능 평가법 중에서 가장 우수한 검사 방법으로 인식되고 있다. 또한, 뇌파는 두뇌 부위와 시간의 경과에 따라 두뇌 기능의 상태를 가장 객관적으로 평가할 수 있는 방법이다. 다음 〈표4〉는 뇌파의 종류와 특성에 관한 자료로 뇌파 종류에 대한 세부적인 설명은 다음과 같다.

〈표4〉 뇌파의 종류와 특성

뇌파종류	파장대	의식상태
델타(δ)파	0.1~3Hz	깊은 수면 상태나 뇌 이상 상태
세타(θ)파	4~7Hz	수면 상태
알파(α)파	8~12Hz	이완 및 휴식 상태
SMR	13~15Hz	주의 상태
낮은 베타(β)파	16~20Hz	집중, 활동 상태
높은 베타(β)파	21~30Hz	긴장, 흥분 상태, 스트레스 상태

(1) 델타(δ)파

델타(δ)파는 0.1Hz~3Hz 정도의 작은 주파수와 $100\mu V \sim 200\mu V$의 큰 진폭을 보이는 파형으로서, 신생아와 유아 그리고 정상적인 성인의 깊은 수면 시에 관찰되는 뇌파이다.

하지만 유아기에는 각성(Arousal) 시에도 출현하며, 뇌종양, 뇌염, 의식 장애 등을 겪고 있는 환자들에 있어서 주로 많이 나타난다.

특히, 전방 전두부에서는 안구 운동 등의 영향을 받기 때문에 델타(δ)파의 활성이 높게 나타난다.

(2) 세타(θ)파

세타(θ)파는 4Hz~7Hz 정도의 주파수와 20μV의 진폭을 보이나 주로 30μV 이하의 진폭이 대부분인 파형이다.

즐겁거나 불만 상태 또는 졸고 있는 성인에게도 세타(θ)파를 측정할 수 있으며, 유아가 부모로부터 귀여움을 받는다든지 또는 모유를 먹는 것과 같은 즐거운 경험을 할 때 100μV 정도의 세타(θ)파가 나타난다.

또한, 세타(θ)파는 수면 상태에서 가장 흔히 나오는 뇌파로 4~5세의 소아기에 나타나 성인이 되면 줄어들지만, 일반 성인기가 되어도 두정부 또는 측두부에서 관찰되기도 한다.

잠에 빠져들 때의 뇌파로 서파수면파 또는 졸음파라고도 하는데, 꿈을 꾸고 있는 동안이나 명상하는 동안에 나타나기도 하며, 통찰력이 커지고, 의식과 무의식 사이에 존재한다.

명상 상태에서 뇌파는 세타(θ)파의 활성이 가장 우세하며 알파(α)파도 높게 나타나지만, 베타(β)파는 낮게 나타난다.

뇌가 알파(α)파와 세타(θ)파 교차 상태일 때 창조성과 텔레파시가 높아진다(Klimisch, 1995). 세타(θ)파는 작동기억(Working Memory)의 등록

(Encoding)과 검색(Retrieval)에 관여하며, 최고성과 수행력(Peak Performance)에도 중요한 역할을 한다.

(3) 알파(α)파

알파(α)파는 8Hz~12Hz 정도의 작은 주파수와 30μV~50μV의 진폭을 보이는 파형으로 뇌파의 기본이 되고 기본파, 기초 율동 등으로 표현하기도 한다.

알파(α)파는 정신적으로 안정될 때, 즉 눈을 감고 있거나 조용한 환경에서 잘 나타나며, 눈을 떴을 때나 암산 등의 정신 활동을 해서 뇌의 활동 수준이 높아지면 억제(α-Blocking) 또는 감쇠(Attenuation)하는 성질이 있다.

알파(α)파의 억제는 빛, 불안, 암산 등의 정신 활동, 청각 자극, 피부 자극, 음(音) 등과 같은 자극에 의해서도 출현한다.

알파(α)파가 증가하면 불안이 감소하는 것으로 나타나며, Kamiya(1972)의 연구에서도 불안이 낮은 사람들에서 알파(α)파가 더 많이 나타나는 것으로 보고되고 있다.

(4) SMR(Sensorimotor Rhythm)파

SMR 파의 주파수 영역은 13Hz~15Hz 대역으로 베타(β) 내역이시만, 오직 감각 운동영역(sensorimotor Certex)에서만 나타나며 알파(α)파와 저 베타(β)파에 걸쳐있는 뇌파로 휴식에서 활동으로 전환할 경우나 휴식에서 수면으로 전환될 경우 완충 역할을 하는 뇌파이다. 눈을 뜨고 몸을 편안하게 한 상태에서 외적인 자극에 주의를 집중하는 것과 관련이 깊고, SMR을 증가시키는 피드백 훈련을 통해 주의 집중력과 감각의 민감도, 기억력, 언어 인지 능력 등을 증가시킬 수 있다. 또한, SMR파는 휴식이나 긴장, 이완이 아닌 대기 상태에서 발생할 수 있다. Sterman(1967)이 발견하였으며, SMR 뇌파 훈련을 시행한 결과 면역 기능이 크게 향상된다고 설명하고 있다.

(5) 베타(β)파

베타(β)파는 13Hz~30Hz 정도의 주파수와 2μV~20μV의 진폭을 보이는 불규칙한 파형으로서, 정신적인 활동이나 신체적 운동으로 발생하고, 새로운 것을 보았을 때 각성상태 그리고 불안과 같은 긴장상태에서 나타나며 청각, 촉각, 정서적 자극에 의해서도 영향을 받는다. 베타(β)파는 피질 각성과 관련이 있으며 자극이 새롭고 신기한 것으로 지각되면 베타(β)파가 나타나지만, 자극에 습관화되거나 문제가 해결되면 베타(β)파는 사라진다. 베타(β)파는 변위 폭이 가장 작은 뇌파로서 알파(α)파보다 짧은 주기를 가진 뇌파 성분의 총칭이다. 알파(α)파가 두정부와 후두부에서 강하게 발달하고 있는 것에 비해 베타(β)파는 중심후회(Postcentralgyrus)보다 앞부분에서 우세하게 나타난다. 정상적으로 전두엽에서 잘 기록되며 주의를 집중하여 정신 활동을 할 때는 뇌 전체에서 광범위하게 나타난다. 따라서 정상인에게 주의를 요하는 과제를 부과하면 비동기화 또는 알파(α)파 억제(α-Blocking) 현상으로 설명하는 뇌파의 변화에 의한 베타(β)파에 해당하는 빠른 뇌파가 큰 진폭으로 나타나게 된다. 베타(β)파는 피질의 각성과 관련되어 있어서 사람이 정신 활동을 수행할 때 베타(β)파의 활성이 강하게 나타난다. 베타(β)파는 낮은 베타(β)파와 높은 베타(β)파로 구분할 수 있다. 낮은 베타(β)파는 16Hz~20Hz 사이의 뇌파를 말하며 의식 활동이나 정신 활동 상태는 집중하거나 작업 중일 때 혹은 학습에 몰두할 때 발현하는 뇌파이다. 높은 베타(β)파는 21Hz~30Hz 사이에 있으며 긴장이나 흥분 상태 혹은 스트레스 상태에서 나타난다.

2. 주파수와 진폭

주파수(Frequency)란 1초 동안에 출현한 횟수를 말하며, 단위로는 매초 몇 cycle인가를 나타내며(c/s) 또는 Hz(Hertz)로 표시한다. 진폭(Amplitude)이란 파(Wave)의 높이로서 파의 골과 골을 잇고 그 파의 정점(peak)으로부터 기선에 수직선을 그어 정점까지의 높이를 말하며, 진폭의 단위는 μV(Microvolts)를 사용한다. 뇌파의 주파수와 진폭은 〈그림2〉와 같다.

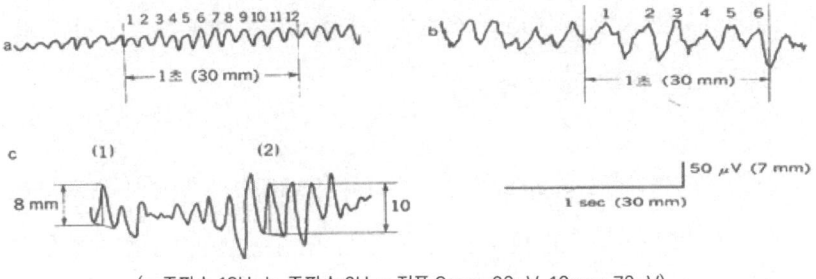

〈그림2〉 주파수와 진폭

(a. 주파수 12Hz b. 주파수 6Hz c.진폭 8mm=60μV, 10mm=70μV)

3. 뇌파의 특성 및 뇌 기능과 관련한 연구

(1) 세타(θ)파와 관련된 연구

세타(θ)파의 연구와 관련하여 Klimesch(1995), Sterman(1994) 등은 세타(θ)파는 안정화에 기여하고 창의성과 학습 능력에 공헌하며, 또한 창의성과 텔레파시는 알파(α)파와 세타(θ)파의 교차 상태일 때 높아진다고 하며, 수리 활동, 논리적 사고 활동, 창의적 도형 문제 풀이와 산수 암산의 문제 풀이에 관련된 활동에서는 서파인 세타(θ)파가 우세하다고 한다.

(2) 알파(α)파와 관련된 연구

알파(α)파의 연구와 관련하여 신경생물학적으로 알파(α)파의 활성은 시상의 대사 감소와 관련 있어 두뇌가 휴식 상태에 있는 것을 반영하므로 신경의 활성과 역관계에 있다고 한다.

언어적 과제를 수행하는 동안에 좌반구에서는 알파(α)파 리듬이 감소하였지만, 우반구에서는 변화가 없었으며, 공간적인 과제를 수행하는 동안에는 이와는 반대로 우반구에서 알파(α)파 리듬이 감소하고 좌반구에서는 변화가 없었다고 한다.

알파(α)파나 세타(θ)파와 같은 저 뇌파 상태에서 집중력이 증진되고 기억력과 학습 능력이 향상되며, 중간 알파(α)파(10Hz~11Hz)에서 창의적 아이디어가 잘 떠오른다고 한다.

또한, 명상 활동이 긴장 상태의 두뇌를 이완시켜 집중력과 창의력을 증진하게 할 수 있는 상태로 전환하는데 기여할 수 있는 방법이라 하며, 눈을 감은 안정 상태에서는 후두부의 뇌파가 알파(α)파 우세현상을 보이는 데 비해, 명상 상태에서는 두뇌 전체에서 알파(α)파 우세현상이 나타났고 특히 전두엽 부위에서 높은 활성을 보인 것이 특징이다. 따라서 이러한 연구 결과는 전전두엽의 뇌파가 명상 상태의 두뇌 기능을 잘 반영할 수 있는 부위라는 것을 의미한다.

(3) 베타(β)파와 관련된 연구

베타(β)파는 흥분하거나 특정한 과제에 주의를 집중할 때 대뇌피질의 세포는 비동기화 현상에 의해서 나타나는데. 피질 각성과 관련되어 있어 사람이 정신 활동을 수행할 때 베타(β)파의 활성이 나타난다. 따라서 정상인에게 주의를 요하는 과제를 제시하면 비동기화 또는 알파(α)파의 억제(Alpha Blocking) 현상으로 설명되는 뇌파의 변화가 생겨 베타(β)파라는 빠른 뇌파가 나타난다. 이와 관련하여 베타(β)파는 피질 각성과 관련되어 있어 사람이 정신 활동을 수행할 때 나타나며, 외부의 문자 정보를 받아들이는 활동이 주로 일어나는 교과서의 정독, 쓰기 활동들은 각성 상태를 나타내는 베타(β)파가 우세파로 나타난다.

(4) 뇌파와 영재아의 뇌 기능 및 창의성에 관련한 연구

영재아의 뇌 기능과 창의성에 관련된 뇌파 연구를 살펴보면, 좌·우반구의 뇌 기능에 대한 연구를 최초로 시도하였는데, 연구 결과 정상인은 어떤 과제를 수행하고 있는 동안에 좌측 혹은 우측으로 사고하고 있음을 확인할 수 있었고, 뇌파의 신경생리학적인 관점에서 뇌 발달과 지적능력 간, IQ 점수와 뇌파 간에는 상관관계가 있다고 밝히고 있다. 즉 IQ는 뇌의 성숙 정도와 상관이 있기 때문에 시냅스의 활성화된 숫자와 뉴런의 분화 정도는 뇌파와 지능지수 사이의 강한 연관에 그 기초를 두고 있다고 가정했고, 영재들은 문제를 준비하고 해결하는 동안 두뇌 반구 활성이 더 높다고 설명하고 있다. 과학 창의적 과제를 수행 중인 과학 영재 11명과 일반아 10명의 뇌파를 비교 분석한 결과, 좌·우뇌 기능의 뇌파 특성을 이용하면 영재성을 판별할 수 있다고 설명하면서 영재성 판별에 뇌파의 특성을 이용할 수 있음을 제시하고 있다. 한편, 창의성과 관련한 연구에서 명상 활동은 좌뇌와 우뇌의 두뇌 기능의 상태를 고르게 유지해주며, 긴장 상태의 두뇌를 이완시켜 집중력과 창의력을 증진하게 시킬 수 있는 상태로 전환할 수 있다는 연구 결과를 제시하고 있으며, 과학 학습활동과 관련한 뇌 기능적 특성에 대한 국내 연구가 있다.

제5장
뇌 기능 분석

1. 뇌 기능 분석 방법

한국 정신과학 연구소에서 개발한 뇌 기능 분석 프로그램인 BQ Test를 이용하여, 각 주파수 대역별로 측정한 뇌파 수치들의 비율 분석을 통해 구한 지수들을 기반으로 뇌의 기능을 종합 평가하는 지수이다. 〈그림3〉의 뇌 기능 분석표에 나타나는 뇌 기능 지수의 종류 및 특성에 대한 각 지수는 특정 뇌파의 세기나 주파수 혹은 뇌파 간의 비율을 점수화한 것이다. 본 연구에서 사용한 뇌 기능 분석의 장점은 주파수 계열 스펙트럼 분석법을 이용하여 상호 연관성에 의한 서파화와 속파화 정도를 파악하여, 기존의 밴드별 독립 분석법이 서파화나 속파화 정도 등을 정확히 분석하지 못하는 단점을 보완하였는데, 이는 단순히 시계열 분석만 하거나 파워 스펙트럼에만 의존하는 기존의 분석법보다 다양한 정보를 제공한다.

〈그림3〉 뇌 기능 분석표

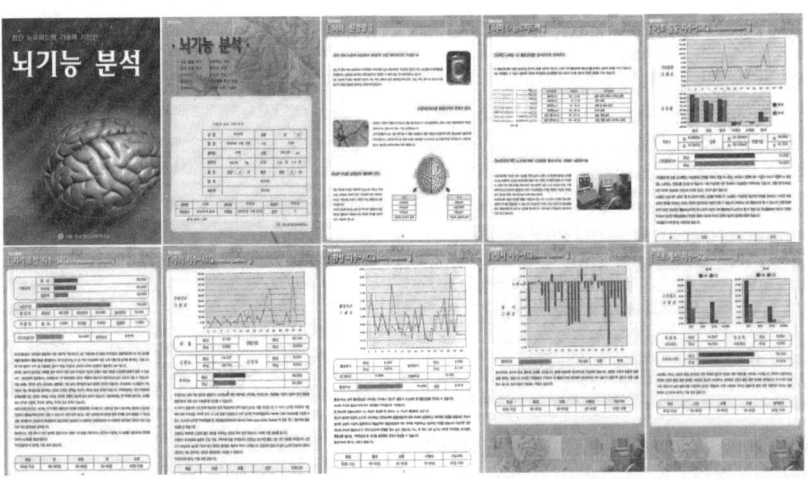

2. 뇌 기능 지수의 종류와 특성

뇌 기능 지수는 연구자의 사용 목적이나 적용의 범위에 따라 선택적으로 활용할 수도 있다. 뇌 기능 지수의 종류와 특성에 대한 설명으로 자기 조절 지수(SRQ: Self Regulation Quotient)에 해당하는 관련 뇌파는 α파, SMR, low β파이며, 특성으로는 뇌의 자율신경계 조절 능력 판단, 휴식, 주의력, 집중력 판단과 관련이 있고, 기초 율동 지수(BRQ: Basic Rhythm Quotient)와 관련된 뇌파는 폐안 시 α파로 뇌의 발달 정도와 안정성, 노화 정도 판단과 관련이 있고, 주의 지수(ATQ: Attention Quotient)에 해당하는 관련 뇌파는 θ파, SMR파로 뇌의 각성 정도 판단, 질병이나 육체적 피로와 관련이 있고, 활성 지수(ACQ: Activity Quotient)에 해당하는 관련 뇌파는 α파, low β파로 뇌의 활성 정도를 판단하는 지수로 활용한다. 또한, 정서 지수와 항 스트레스 지수, 좌·우뇌 균형 지수, 브레인 지수와 관련된 뇌파와 특성에 관한 내용은 〈표5〉와 같으며, 그에 따른 자세한 설명은 다음의 각 호와 같다.

〈표5〉 뇌 기능 지수의 종류와 특성

분석 지수	반구	관련 주파수	특성
자기 조절 지수(SRQ) Self Regulation Quotient		α파, SMR low β파	뇌의 자율신경계 조절, 능력 판단, 휴식, 주의력, 집중력 판단
기초 율동 지수(BRQ) Basic Rhythm Quotient	(좌) (우)	폐안 시 α파	뇌의 발달 정도와 안정성, 노화 정도 판단

주의 지수(ATQ) Attention Quotient	(좌) (우)	θ파, SMR	뇌의 각성 정도 판단, 질병이나 육체적 피로에 대한 저항력
활성 지수(ACQ) Activity Quotient	(좌) (우)	α파, low β 파	뇌의 활성 정도 판단
정서 지수(EQ) Emotion Quotient		좌α파, 우α파	정서적 평균 상태 판단
항 스트레스 지수(ASQ) Anti-Stress Quotient	(좌) (우)	δ파, high β 파	육체적, 정신적 스트레스 저항 정도 판단
좌·우뇌 균형 지수(CQ) Corelation Quotient		좌·우 뇌파의 상관성	좌뇌와 우뇌의 균형 정도 판단
브레인 지수(BQ) Brain Quotient		모든 주파수	뇌 기능의 종합적인 판단

(1) 자기 조절 지수(SRQ: Self Regulation Quotient)

자기 조절 지수(Self Regulation Quotient)는 뇌의 건강과 활동력의 가장 기본적인 척도로 활용되고 있다. 뇌는 각성 시에 휴식 상태, 주의력 상태, 집중력 상태의 세 가지 상태를 자율적으로 조절하면서 활동 리듬을 통제한다. 자기 조절 지수 점수가 높게 측정되더라도 상태별 점수 차이가 크게 측정되면 뇌의 자기 조절 기능의 균형이 깨진 것으로 뇌 건강에 문제가 있을 수 있다. 자기 조절 지수는 주의력(SMR파), 집중력 (저 베타(β)파), 휴식(알파(α)파)의 세 가지 기본 상태에 대한 뇌의 자율 조절 능력 평가로서 구할 수 있다. 기본 상태 측정 시 색칠되는 퍼센트 (%) 점수를 모두 더한 총점이 자기 조절 지수이다(Kamiya, 1972; Sterman, 1977; Lubar 등, 1976). SMR파를 만들어 낼 수 있는 능력의 주의력 상태는 자기 주변과의 관계 능력을 보는 것으로 사회성, 사교성, 주의력, 관찰력, 발표력 등과 관계가 있고, 저 베타(β)파를 만들어 낼 수 있는 능력의 집중력 상태는 한 가지에 몰두하는 능력을 보는 것으로 집중력, 추진력, 정확성, 적극성 등과 관계가 있다. 또, 휴식 상태는 뇌 활동의 가장 기본이 되는 휴식 능력(알파(a)파를 만들어 낼 수 있는 능력)을 평가하는 것으로 안정성, 침착성, 지구력, 피로도 등과 관계가 있다.

(2) 기초 율동 지수(BRQ: Basic Rhythm Quotient)

기초 율동 지수(Basic Rhythm Quotient)는 알파(a)파의 안정 폐안 시에 지배적으로 나타나는데, 알파(a)파의 주파수는 뇌의 활동 속도를 말한다. 알파(a)파의 주파수가 정해진 연령 기준보다 느리면 뇌의 활동 속도가 느리다고 판단할 수 있다. 기초 율동 지수는 알파(a)파의 주파수와 진폭 및 개안 시 사라지는 소실률을 고려하여 뇌의 노화 정도, 뇌의 발달 정도, 뇌의 안정도나 뇌의 순발력 정도를 판단하는 데 이용된다.

(3) 주의 지수(ATQ: Attention Quotient)

주의 지수(Attention Quotient)는 뇌의 각성 정도와 질병이나 스트레스에 대한 저항력을 나타내는 지수로 세타(θ)파의 활성도를 12Hz~15Hz대의 SMR파의 활성도로 나눈 값으로 계산되는데, 연령 기준에 따라 뇌의 각성 정도를 판단하는 지수로 사용되고 있다.

주의 지수(Attention Quotient)는 육체적 긴장 정도를 파악하는 데 사용되는 델타(δ)파와 정신적 긴장 정도를 파악하는 데 사용되는 고 베타(β)파와 함께 지수의 수준이 결정된다.

주의 지수가 높게 나타난다면 이는 뇌가 맑게 각성하여 면역 기능이 높은 상태에 있다는 것을 의미한다. 반대로 주의 지수가 낮으면 주의력과 저항력이 약해져서 주의 산만, 기억력 감퇴, 뇌 노화 등을 의심할 수 있고, 주의 지수가 너무 낮으면 주의력 결핍(ADD: Attention Deficit Disorder)을 의심할 수 있으며, 지나치게 낮으면 주의력 결핍 및 과잉 행동 장애(ADHD: Attention Deficit Hyper Activity Disorder) 정신지체, 틱 장애 등을 의심할 수 있다.

또한, 주의 지수가 높아지면 신경이 안정되고, 주의 집중력이 올라가고, 피로도가 감소하였음이 보고되었다.

(4) 활성 지수(ACQ: Activity Quotient)

활성 지수(Activity Quotient)는 좌뇌와 우뇌의 알파(α)파의 활성도, 저 베타(β)파 활성도 및 좌·우뇌의 전체적인 활성 정도를 나타내는 지수로 정신적 활동과 사고 능력 및 행동 성향을 판단하는 지수로 사용되고 있다. 활성 지수는 알파(α)파와 낮은 베타(slow β)파에 대한 분석을 통하여 구할 수 있는데, 활성지수 값은 상대 세기, 절대 세기, 로그 비교와 산술 비교를 종합하여 결정된다. 좌뇌와 우뇌의 활성 지수는 거의 비슷하면서도 균형을 유지하면서 지수가 높게 나타날 때 이상적이다. 어느 한쪽 부분이 너무 높게 나타나거나 반대로 너무 낮으면 정서 불안, 행동 성향 불안정, 언어장애, 기억력 감퇴 등 뇌 기능 불균형의 문제가 발생할 수 있고, 질병으로 발전할 가능성이 크다. 한편, 좌뇌 부분이 높으면 이성적, 논리적, 수리적이고 언어 능력이 발달하며 외부 자극에 긍정적이고 적극적인 반응을 보인다. 또, 우뇌 부분이 높으면 감성적, 직관적, 종합적이고 예술 능력이 발달하며 외부 자극에 부정적이고 비관적인 반응을 보인다.

(5) 정서 지수(EQ: Emotion Quotient)

정서 지수(Emotion Quotient)는 정서적 안정, 불안정 상태를 나타내는 지수로 좌·우뇌의 알파(a)파 진폭의 차이와 상호 연관성에 의하여 구할 수 있다. 정서 지수는 알파(a)파를 중심으로 해서 측정할 수 있는데, L(좌측) 알파(a)파 값에서 R(우측) 알파(a)파 값을 뺀 값이 '+'이면 밝고 활달한 성격이라고 판단할 수 있고, 반대로 '−'이면 어둡고 우울한 성격으로 판단할 수 있다. 따라서 정서 지수의 성향은 명랑과 우울로 판단하는데, 명랑 성향은 좌뇌가 많이 활성화되었음을 의미하고, 우울 성향은 우뇌가 상대적으로 활성화되었음을 의미한다.

(6) 항 스트레스 지수(ASQ: Anti-stress Quotient)

항 스트레스 지수(Anti-stress Quotient)는 내·외적 환경 요인으로 인한 육체적 정신적 피로도를 나타내는 지수로, 스트레스의 저항력을 나타내는 수치이다. 항 스트레스 지수는 델타(δ)파와 고 베타(β)파의 상호 연관성에 의해 산출할 수 있다. 정신적 스트레스는 심리적인 긴장과 불안, 흥분 상태를 나타내는데, 이 수치가 높을수록 피로도가 높아 병에 대한 저항력이 낮아지고, 반면 항 스트레스 지수는 높을수록 병에 대한 저항력이 크다는 것이다.

(7) 좌·우뇌 균형 지수(CQ: Correlation Quotient)

좌·우뇌 균형 지수(Correlation Quotient)는 좌뇌와 우뇌의 균형을 보는 지수로 균형은 진폭의 대칭과 위상의 대칭성이 있다. 10% 정도의 차이는 이상이 없는 것으로 판단한다. 대칭성은 진폭의 대칭을 보는 것이고, 동시성은 위상의 대칭성을 보는 것이다. 좌·우뇌 균형 지수는 양쪽 뇌의 뇌 전위와 뇌파 리듬에 대한 비교 분석을 통해 구한다(Bruce, et al, 1999). 좌뇌와 우뇌의 균형이 깨지면 육체적 불균형뿐만 아니라 언어장애, 정서장애, 활성 장애 및 다양한 불균형으로 인한 문제점들이 나타난다.

(8) 브레인 지수(BQ: Brain Quotient)

브레인 지수(Brain Quotient)는 위에서 설명한 모든 지수을 바탕으로 해서 뇌의 기능을 종합 평가하는 지수로 절대적이지 않으며 자신의 노력으로 발달될 수 있다. 브레인 지수는 IQ나 EQ와 달리 직접 뇌파를 측정하고 뉴로피드백 훈련을 적용 시켜봄으로써 뇌의 반응과 조절 능력을 판단하는 것이기 때문에 더 정확하고 폭넓은 정보를 제공할 수 있는 지수이다. 한편, 브레인 지수는 IQ와 비례 관계를 가질 수 있으며 정신적, 육체적인 건강 상태와 밀접한 관계가 있다.

제6장

유아들의 지문과 뇌파 분석에 따른 성격 유형 유사성 연구

1. 연구 대상

본 연구의 목적은 유아들의 성격 유형에 대한 뇌파 분석과 지문 분석의 유사성 연구로 뇌파 측정을 통한 뇌 기능 분석의 정서 성향 및 행동 성향과 지문 형태별 분석과의 유사성이 있는 가를 알아보려는 데 있다. 〈표6〉의 연구 대상자와 같이 2010년 6월에 서울시 북부지역의 W 유치원과 경기도 남부지역의 S 유치원 원아의 80명[남아 41명(51.25%), 여아 39명(48.75%)]을 대상으로 하였다. 대상자의 일반적 특성은 학기 초에 나이, 유아의 인지능력 등을 고려하여 균등한 배정을 해서 동질 집단으로 구성되어 있다고 볼 수 있다.

〈표6〉 연구 대상자의 구체적 분포(빈도)

(단위 : 명)	뇌파 측정	지문 검사
남	41(51.25%)	41(51.25%)
여	39(48.75%)	39(48.75%)
전체	80(100.0%)	80(100.0%)

2. 연구 설계

본 연구에서는 유아들의 성격 유형에 대한 뇌파 분석과 지문 분석의 유사성 연구로 행동 성향과 정서 성향과 같은 성격 유형을 연구하기 위하여 〈그림4〉와 같이 뇌파 측정 및 지문 검사에 대한 연구 및 분석 과정을 설계하였다.

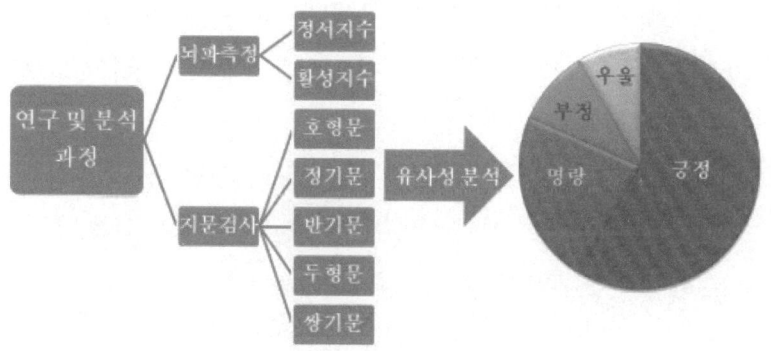

〈그림4〉 검사측정의 연구 및 분석 과정

3. 연구 측정 도구

본 연구를 위해 사용된 측정 및 검사 도구로 뇌파 측정을 위해 '(재)한국 정신과학 연구소'에서 개발한 2 Channel System 이동식 뇌파 측정기를 사용하였으며, 지문 검사를 위한 검사 도구로는 행정 관청에서 주민등록증 등재 시 사용하는 지문용 잉크와 롤러(굴림쇠), 일반 돋보기(지름 6㎝, 2배)를 사용하였으며, 구체적 설명은 다음의 각 호와 같다.

(1) 뇌파 측정

1) 뇌파 측정 도구

뇌파 측정기는 〈그림5〉와 같이 '한국 정신과학 연구소'에서 개발한 2 Channel System 이동식 뇌파 측정기로 전극이 부착된 헤어 밴드를 이마에 부착하여, 5분 동안 뇌파를 측정하는 것으로 3차원 영상으로 모니터에 제시되는 기계이며, 측정된 뇌파는 수치로 저장되어 알파, 세타, 베타 값을 산정한다. 주파수별로 살펴보면, α파의 파장대(Band)에 대한 주파수 영역은 8Hz~12Hz, SMR파는 12Hz~15Hz, 저β파는 16Hz~20Hz, 고β파는 21Hz~30Hz, θ파는 4Hz~7Hz, δ파는 0Hz~3Hz로 설정되어 있으며, 측정 주파수 범위는 1Hz~30Hz, 샘플링 주파수는 256Hz, 측정 정밀도는 ±0.6μV로서 매초 256 샘플링, 8비트로 변환하여 디지털 신호를 출력된다. 한편, (재)한국 정신과학 연구소(Neurofeedback System, Braintech Corp., Korea)에서 개발한 2 Channel System은 뇌파 측정 연구에서 가장 권위 있는 GRASS system(USA)과 비교하여 신뢰성이 있는지에 대해 검증한 결과, Grass System(USA)과의 좌·우뇌파, 알파, 베타, 세타 값에 대한 상관계수가 0.916(p<0.001)으로 나타나 신뢰도가 입증된 기기이다(김용진, 2000). 또한, 훈련기의 기능도 겸할 수 있도록 구성되어 있다. 이 뇌파 측정기는 쌍극 유도법(Sequential Bipolar Montage. 측정 전극 2개)을 이용하여 국제 10~20 System 기준에 의해 정해진 전전두엽(Prefrontal Lobe)의 Fp1과 Fp2에서 좌우뇌파를 동시에 측정하도록 설계되었다. 여기에 단극 유도법(측정 전극 1개+귓볼 전극 1개)을 혼합하여 Fp1, Fpz와 Fp2 위치에 각각 전극이 닿도록 건성 단자를 부착한 헤드 밴드(Head Band)형식으로 구성하였으며, 이들 세 전극을 전전두엽에 간단하게 부착하고, 귓볼을 기준전극으로 사용하고 있다.

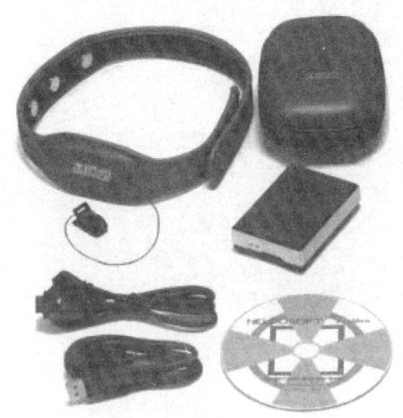

〈그림5〉 뇌파검사 측정기

2) 뇌파 측정 방법

뇌 기능 분석을 위하여 연구 대상자인 남녀 원생을 대상으로 두뇌 활동이 활발한 오전 11시경에 측정하였으며, 대상자의 뇌파 측정 방법과 장소 등을 조사한 후 피험자들에게 〈그림6〉과 같이 뇌파 측정기를 개별적으로 부착하여 측정하는 방식으로 수행하였다. 연구 대상자에게 뇌파 측정 시 선행되어야 할 문제(약물의 복용, 당일 아침을 가볍게, 전날 충분한 수면 등)를 주의 사항으로 전달하고, 당일 순서를 미리 알려주고, 주의 사항으로는 편안한 자세에서 움직임을 최소화하고, 전자파나 소음에 방해되지 않도록 최적의 환경을 조성하였다. 헤드 밴드에 부착된 전극을 이용하여 실험하며 헤드 밴드에 부착된 전극은 금색 도금된 고체 전극으로, 4cm 간격으로 고정 배치된 FP1, FPz, FP2의 채널을 통하여 좌우 전두엽으로부터 뇌파를 측정하고 죄측 귓불을 기준 접지 전극(Groundelectrode)으로 사용하였다.

〈그림6〉 뇌파검사 측정

(2) 지문 검사

1) 지문 검사 도구

지문측정 도구는 〈그림7〉과 같이 주민등록증 발급 시 행정관청에서 사용하는 것과 같은 지문 채취용 특수 잉크(스탬프형) 및 지문 채취용 팬과 손가락에 잉크를 묻힐 때 사용하는 롤러(굴림쇠), 반투명 테이프 그리고 지문 분석 시 필요한 돋보기(지름 6㎝, 2배)와 소형 랜턴을 사용하였다.

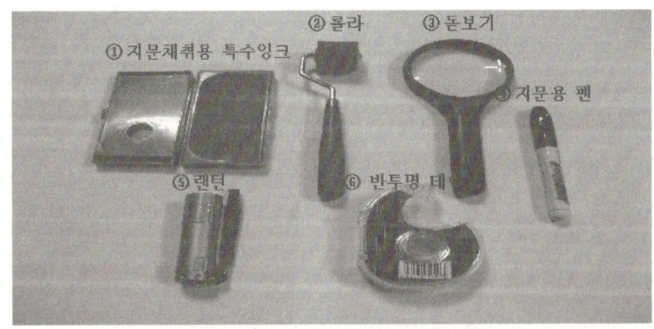

〈그림7〉 지문 검사 측정 도구

2) 지문 검사 방법

연구 대상자의 지문 채취를 위해 먼저 검사 대상자의 손가락을 비눗물로 깨끗이 씻어서 말린 후 좌, 우 10개의 손가락에 지문 채취용 스탬프형 잉크를 묻힌 후 지문 채취용지에 붙이는 방식으로 〈그림8〉의 지문 채취 방법과 같이 검사하였다.

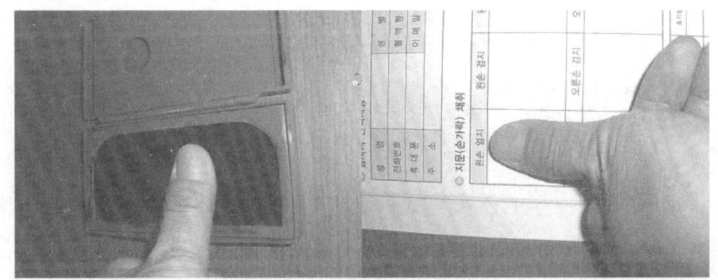

〈그림8〉 지문 채취 방법

4. 자료의 수집 및 분석

(1) 자료의 수집

서울시 소재의 W 유치원과 경기도 소재 S 유치원의 연구 대상자 남녀 원생 80명에 대한 뇌파 측정을 2010년 6월에 실시하였다. 연구 대상자에 대한 뇌파 측정 자료는 선형 분석법과 BQ Test의 뇌 기능 지수를 이용하였고, 지문 형태 검사의 자료는 지문의 형태별 성향 분류표와 지문 형태별 행동(활성) 및 정서 성향 통합 분석표를 이용하였으며, 구체적인 내용은 다음과 같다.

(2) BQ Test의 뇌 기능 지수 및 선형 분석법

연구 대상자의 뇌파 측정에 대한 분석은 현재 기본적으로 사용되고 있는 분석 방법으로 시간에 따라 변하는 시계열 신호를 주파수 영역으로 변환하여 주파수가 변하는 정도에 따른 신호의 양상을 판단할 때 사용되는 분석법인 고속 푸리에 변환(FFT: Fast Fourier Transform)을 통한 주파수 계열(Frequency Series) 파워 스펙트럼 분석법을 이용한 것으로 (재)한국 정신과학 연구소에서 개발한 뉴로하모니 뇌 기능 분석 프로그램인 BQ Test를 이용하였다. 각 주파수 대역별로 측정한 뇌파의 수치들인 δ파, θ파, α파, β파, SMR파를 세분하고, 비율 분석을 통한 지수들을 기반으로 밴드별 상호 연관성에 따라 두뇌의 활동 상태를 8개의 뇌 기능 지수로 분석하는 방법으로 〈그림9〉와 같이 본 연구에서는 정서 지수와 활성(행동 성향) 지수의 2가지의 항목을 사용하였다.

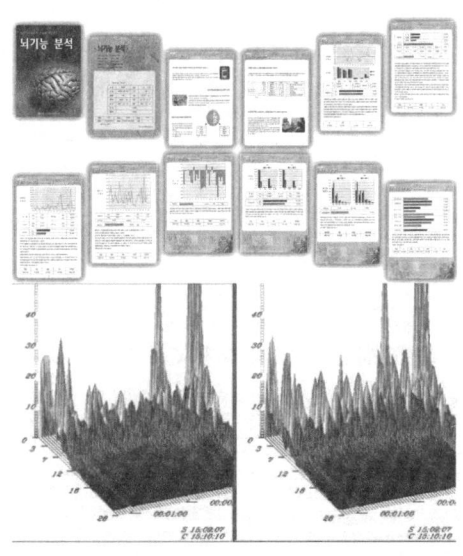

〈그림9〉 뇌 기능 분석표와 고속 푸리에 변환

(3) 지문 분석 방법

지문 분석의 방법은 수집한 자료에 대하여 돋보기를 이용하여 지문 형태인 정기문, 반기문, 쌍기문, 두형문, 호형문으로 분류를 하였다. 지분 형태별로 분리한 후 이를 다시 다음과 같은 〈그림10〉에 따라 행동 성향에 해당하는 긍정 성향은 정기문과 쌍기문으로 분류하고, 부정 성향은 반기문과 호형문, 두형문으로 분류하였다. 또 정서 성향에 해당하는 명랑 성향은 쌍기문, 두형문으로 나누고, 우울 성향은 정기문, 반기문, 두형문으로 분류하였다. 행동 성향과 정서 성향의 특성에 대한 분류는 뇌 기능의 성향 특성 분류에 따라 〈표7〉와 같이 하였다. 이와 같은 분류는 단적으로 구분되지는 않지만, 그 특징을 살펴본다면 정기문은 외부 환경에 대해 긍정적인 외적 표현을 하지만, 내적으로는 우울한 성향을 갖고 있다. 또 두형문은 외부 환경에 대해 명랑한 외적 표현을 하지만, 내적으로는 부정적인 성향을 갖고 엄격한 자기 조절과 통제를 하고 있다. 보기를 들면, 전자는 연예인들이 대표적인 예라고 할 수 있으며, 후자는 정치인이나 CEO 등을 들 수 있을 것이다. 지문 형태별 특성은 현재 지문업계에서 일반적으로 통용되고 있는 분석 자료를 포집하여 뇌 기능의 성향 특성 분류와 상응하여 지문 형태별 행동(활성) 및 정서 성향 통합 분석표를 〈표8〉과 같이 작성하여 논문 부록에 연구 대상자 80명에 대한 지문 형태별 행동(활성) 및 정서 성향 통합 분석표를 첨부하였다. 지문 형태별 정서 및 행동 성향 통합 분석 방법에서 첫째, 지문별 점수 산정 방법은 연구 대상자의 양손의 지문 10개에서 채취한 지문을 각 지문 형태별로 1점씩을 부여하여 지문의 종류로 분류 합산하였다. 둘째, 성향 판정 방법은 지문 형태별로 분류한 자료를 〈그림10〉에 따라 행동 성향과 정서 성향을 판정하였으며, 행동 성향 판정에서 긍정 성향으로 분류되는 지문 형태인 두형문, 쌍기문과 부정 성향으로 분류되는 정기문, 반기문, 호형문에 대해 각각의 지문의 총수를 합산 비교하여 그 수가 많은 행동 성향의 분류 중 긍정 또는 부정을 판정한다[(긍정〉부정=긍정), (긍정〈부정=부정)]. 그리고 정서 성향 판정에서 명랑 성향으로 분류되는 지문 형태인 정기문, 쌍기문과 우울 성향으로 분류되는 지문 형태인 두형문, 반기문, 호형문에 대해 각각의 지문의 총수를 합산 비교하여 그 수가 많은 정서 성향의 분류 중 명랑 또는 우울을 판정한다[(명랑〉우울=명랑), (명랑〈우울=우울)]. 셋째, 좌·우뇌 판정 방법은 좌·우뇌 베타파의 활성도에 따라 구분하는 뇌 기능의 특성 중 긍정 성향과 명랑 성향과 관련이 있는 좌뇌 경향과 부정 성향과 우울 성향과 관련이 있는 우뇌 경향에 따라 연구 대상자의 지문 형태별 분류하고 합산하여 그 비율에 따라 좌뇌 경향 또는 우뇌 경향을 판정하였으며, 좌·우뇌 양반구가 신체의 반대 측에서 정보를 주고받고 있으며, 양반구는 뇌량에 의해서 정보를 교환하고 있다(상호삼, 1990). 따라서 대뇌의 생리학적 구조의 특성과 관련하여 좌뇌 반구는 오른쪽 신체를, 우뇌 반구는 왼쪽 신체의 지배 연관성에 따라 연구 대상자의 주 사용 손이 오른손이면 좌뇌 베타파의 활성으로 긍정과 명랑으로, 왼손이면 우뇌 베타파의 활성으로 부정과 우울에 각각 우세 성향을 부여하였다. 본 결과의 판정 시 좌뇌 경향과 우뇌 경향이 같은 비율(동율)일 경우 위의 내용에 따라 주로 사용하는 손이 오른손이면 좌뇌 경향에, 왼손이면 우뇌 경향에 각각 우세로 판정하였다. 또 긍정 성향과 명랑 성향이 부정 성향과 우울 성향과 같은 점수(동점)일 경우 주로 사용하는 손에 따라 오른손이면 좌뇌 경향에, 왼손이면 우뇌 경향에 각각 우세를 부여하여 판정하였다. 이와 같은 분류에 의하여 성격 유형에는 긍정·명랑, 긍정·우울, 부정·명랑, 부정·우울로 나눌 수 있다.

〈그림10〉 지문의 형태별 성향 분류표

구분	지문내용		성향
	분류	형태	
긍정	정기문		행동 지향적, 미래지향적, 외향적, 활동적, 새로운 시도, 직관적(육감적), 변화 추구, 감각적, 환경 적응적, 사교성, 협상 능력, 분위기 메이커, 예술적, 유머 감각, 임기응변
	쌍기문		
부정	반기문		억제형, 비판적, 내향적, 차분함, 신중함, 현실 수용적, 통제성, 안정성, 완벽성, 창의성, 경쟁심, 관리능력, 분석적, 모범성, 전략가, 추진력, 절약가, 전통주의, 독불장군, 융통성 부족, 사무적
	호형문		
	두형문		
명랑	쌍기문		외향적, 활발함, 적극적, 사교 친화적, 중재성, 설득력, 달변가, 포용력, 수용적, 성취욕, 성실성, 이성적, 책임감, 유머감각, 관리능력, 통찰력, 인내력, 봉사성, 희생정신, 자기 관리 탁월, 일 욕심
	두형문		
우울	정기문		내향적, 조용함, 침착함, 부끄러움, 수동적, 주관성 결여, 감정적, 변덕, 실수, 엉뚱함, 예술성, 낭만적, 자상함, 열정적, 다양한 생각, 혼자 있기를 좋아함
	반기문		
	호형문		

<표7> 행동 성향과 정서 성향의 특성 분류

긍정	행동 지향적, 활동적, 외향, 미래지향, 새로운 시도, 직관(육감), 미래지향, 변화 추구, 계획표(자료 수집, 평가 기획, 원인과 결과), 논리적, 미리미리 챙김(준비, 판단, 사고 등), 감각 및 융통성으로 적응함
부정	억제형, 비판적, 내향, 조용, 신중, 감각(오감), 현실 수용, 계획표 변경, 일을 미루어두었다가 한꺼번에 처리, 인식, 감각, 직관적인 생각, 느낌, 행동 없이 생각만 함, 자기 내부적인 통제와 조정
명랑	외향적, 활발, 적극, 친구들과 잘 어울림, 개방적, 능동, 그룹 작업 선호, 변화적인 행동 선호, 인사를 잘함(외부 활동에 적극), 사람에 대한 관계나 관심, 주의 집중이 자기 외부, 주관적 판단, 자율적 행동
우울	내향적, 조용, 침착, 부끄러움, 수동, 혼자 수업, (이름, 얼굴) 기억하기 힘들어함, 내부 활동에 적극, 자기 내부의 주의 집중 강함, 객관적 판단

<표8> 지문 형태별 행동(활성) 및 정서 성향 통합 분석표

이름 (성별) 주 사용 손	성향	구분	왼손 및 오른손(10개의 지문)					소계 (긍정·명랑 VS 부정·우울)	합계
		형태	두형문	쌍기문	정기문	반기문	호형문		
	행동 (활성)	긍정							
		부정							
	정서	명랑							
		우울							
	(좌뇌:우뇌)계							(:)	
	판정		긍정/우울					좌뇌 성향	

5. 통계 처리

수집된 자료는 SPSS V.12.0의 통계 패키지를 이용하여 분석하였다. 모든 자료에 대하여 평균과 표준 편차를 산출하였다. 뇌 기능 지수와 지문 지수의 정서 성향과 행동 성향과의 관계는 빈도분석과 교차 분석을 사용하였다. 자료의 통계적 유의 수준은 0.05로 설정하였다.

6. 연구 방향과 결과 분석 방법

유아들의 성격 유형에 대한 뇌파와 지문 분석의 유사성 연구로 연구의 방향은 다음과 같다.

첫째, 유아들의 지문 형태의 분포도를 보았다.

둘째, 유아들의 뇌 기능 분석에 따른 정서 성향이 지문 형태 분류에 따른 정서 성향과 유사성을 연구하였다.

셋째, 유아들의 뇌 기능 분석에 따른 행동 성향이 지문 형태 분류에 따른 행동 성향과 유사성에 대해 분석하였다.

넷째, 유아들의 뇌 기능 분석에 따른 성격 성향이 지문 형태 분류에 따른 성격 성향과 유사성을 연구하였다.

연구 결과의 분석 방법으로는 연구 목적을 달성하기 위하여 교차 분석을 통해 실시하였다.

(1) 지문 형태 분포 검증

유아들의 성격 유형에 대한 뇌파와 지문 분석의 유사성 연구 문제의 가설 '1. 유아들의 지문 형태의 분포도와 한국인의 표준 지문 형태의 분포도와 일치할 것이다.'의 검증을 위해 유아들의 지문 분포를 빈도 분석하여 보았다. 그 결과 유아들의 지문 형태 분포는 〈표9〉와 같이 남녀 유치원생 총 80명의 왼쪽 손가락과 오른쪽 손가락의 10개를 합친 800개의 지문 수 중 호형문이 45개(5.62%), 정기문이 388개(48.5%), 반기문이 4개(0.5%), 쌍기문이 94개(11.75%), 두형문이 269개(33.63%)의 빈도를 보여 정기문(48.5%)〉두형문(33.63%)〉쌍기문(11.75%)〉호형문(5.62%)〉반기문(0.5%) 순으로 한국인의 표준 지문 형태의 분포인 정기문(50.4%)〉두형문(33%)〉쌍기문(7.8%)〉호형문(5%)〉반기문(3.8%)과 일치하였다.

〈표9〉 지문의 형태에 따른 구분(빈도)

구분	호형문	정기문	반기문	쌍기문	두형문	합계
80명 중 전체비율 (%)	45개 (5.62)	388개 (48.5)	4개 (0.5)	94개 (11.75)	269개 (33.63)	800개 (100)

(2) 정서 성향의 유사성 검증

이 절에서는 본 연구 문제의 가설 '2. 유아들의 뇌파 분석에 따른 행동 성향과 지문 형태 검사 분석에 따른 정서 성향이 유사할 것이다.'의 검증 결과 뇌파 분석에서 명랑 성향이 53명(66.3%)과 우울 성향이 27명(33.8%)이었고, 지문 형태 분석에서 명랑 성향이 41명(51.3%)과 우울 성향이 39명(48.8%)의 빈도를 보였다. 연구 대상자에 대한 뇌파 분석과 지문 형태 분석에 따른 정서 성향 유사성 여부 확인을 위한 교차 분석의 검증 결과 명랑 성향 유사성은 23명(28.8%)이며, 우울 성향 유사성은 9명(11.3%)으로 〈표10〉과 같이 나타났고, 〈표11〉에서처럼 $\chi^2=3.877$, $p=0.061$이었다. 이 결과로 유사성의 경향이 없었다.

〈표10〉 뇌파 분석과 지문 형태 분석을 통한 정서 성향 교차표(빈도)

			지문 형태 분석의 정서 성향		전체
			1.00 명랑	2.00 우울	
뇌파 분석의 정서 성향	1.00 명랑	빈도	23명	30명	53명
		뇌 정서의 %	43.4	56.6	100.0
		지문 정서의 %	56.1	76.9	66.3
		전체 %	28.8	37.5	66.3
	2.00 우울	빈도	18명	9명	27명
		뇌 정서의 %	66.7	33.3	100.0
		지문 정서의 %	43.9	23.1	33.8
		전체 %	22.5	11.3	33.8
전체		빈도	41명	39명	80명
		뇌 정서의 %	51.3	48.8	100.0
		지문 정서의 %	100.0	100.0	100.0
		전체 %	51.3	48.8	100.0

〈표11〉 뇌파 분석과 지문 형태 분석의 정서 성향 카이제곱표(p<.005)

	값	자유도	점근 유의 확률 (양측 검정)	정확한 유의 확률 (양측 검정)	정확한 유의 확률 (단측 검정)
Pearson 카이제곱	3.877(b)	1	0.049		
연속 수정(a)	3.001	1	0.083		
우도비	3.935	1	0.047		
Fisher의 정확한 검정				0.061	0.041
선형 대 선형 결합	3.828	1	0.050		
유효 케이스 수	80				

(3) 행동 성향의 유사성 검증

이 절에서는 본 연구 문제의 가설 '3. 유아들의 뇌파 분석에 따른 행동 성향과 지문 형태 검사 분석에 따른 행동 성향이 유사할 것이다.'의 검증 결과 뇌파 분석에서 긍정 성향이 41명(51.3%)과 부정 성향이 39명(48.8%)이었고, 지문 형태 분석에서 긍정 성향이 53명(66.3%)과 부정 성향이 27명(33.8%)이었다. 이 교차 분석에서 뇌파 분석과 지문 형태 분석의 긍정 성향 유사성은 27명(33.8%)이며, 부정 성향 유사성은 13명(16.3%)으로 〈표12〉와 같이 나타났고, 〈표13〉에서처럼 χ2=0.006, p=1.000이었다. 이 결과로 유사성의 경향이 있었다.

〈표12〉 뇌파 분석과 지문 형태 분석을 통한 행동 성향 교차표(빈도)

			지문 형태 분석의 행동 성향		전체
			1.00 긍정	2.00 부정	
뇌파 분석의 행동 성향	1.00 긍정	빈도	27	14	41
		뇌 행동의 %	65.9	34.1	100.0
		지문 행동의 %	50.9	51.9	51.3
		전체 %	33.8	17.5	51.3
	2.00 부정	빈도	26	13	39
		뇌 행동의 %	66.7	33.3	100.0
		지문 행동의 %	49.1	48.1	48.8
		전체 %	32.5	16.3	48.8
전체		빈도	53	27	80
		뇌 행동의 %	66.3	33.8	100.0
		지문 행동의 %	100.0	100.0	100.0
		전체 %	66.3	33.8	100.0

〈표13〉 뇌파 분석과 지문 형태 분석의 행동 성향 카이제곱표($p<0.05$)

	값	자유도	점근 유의 확률 (양측 검정)	정확한 유의 확률 (양측 검정)	정확한 유의 확률 (단측 검정)
Pearson 카이제곱	0.006(b)	1	0.939		
연속 수정(a)	0.000	1	1.000		
우도비	0.006	1	0.939		
Fisher의 정확한 검정				1.000	0.564
선형 대 선형 결합	0.006	1	0.939		
유효 케이스 수	80				

(4) 성격 성향의 유사성 검증

이 절에서는 본 연구 문제의 가설 4의 유아들의 뇌파 분석에 따른 성격 성향과 지문 형태 검사 분석에 따른 행동 성향의 유사할 것이다.의 검증 결과 뇌파 분석에서 뇌파 분석과 지문 형태 분석의 긍정 명랑 성향의 유사성이 4명(5%), 긍정·우울 성향 유사성이 4명(5%), 부정 명랑 성향 유사성이 6명(7.5%), 부정·우울 성향 유사성이 0명(0%)으로 〈표14〉와 같이 나타났고, 〈표15〉에서처럼 $\chi2=9.743$, $p=0.372$이었다. 이 결과로 유사성의 경향이 있었다.

〈표14〉 뇌파 분석과 지문 형태 분석을 통한 성격 성향 교차표(빈도)

			지문				전체
			1.00	2.00	3.00	4.00	
뇌 기능	1.00	빈도	4	12	6	4	26
		뇌 기능의 %	15.4	46.2	23.1	15.4	100.0
		지문의 %	20.0	36.4	28.6	66.7	32.5
		전체 %	5.0	15.0	7.5	5.0	32.5
	2.00	빈도	7	4	5	0	16
		뇌 기능의 %	43.8	25.0	31.3	.0	100.0
		지문의 %	35.0	12.1	23.8	.0	20.0
		전체 %	8.8	5.0	6.3	.0	20.0
	3.00	빈도	7	12	6	2	27
		뇌 기능의 %	25.9	44.4	22.2	7.4	100.0
		지문의 %	35.0	36.4	28.6	33.3	33.8
		전체 %	8.8	15.0	7.5	2.5	33.8
	4.00	빈도	2	5	4	0	11
		뇌 기능의 %	18.2	45.5	36.4	.0	100.0
		지문의 %	10.0	15.2	19.0	.0	13.8
		전체 %	2.5	6.3	5.0	.0	13.8
전체		빈도	20	33	21	6	80
		뇌 기능의 %	25.0	41.3	26.3	7.5	100.0
		지문의 %	100.0	100.0	100.0	100.0	100.0
		전체 %	25.0	41.3	26.3	7.5	100.0

〈표15〉 뇌파 분석과 지문 형태 분석의 행동 성향 카이제곱표(p<.05)

	값	자유도	점근 유의 확률 (양측 검정)
Pearson 카이제곱	9.743(a)	9	0.372
선형 대 선형 결합 우도비	0.63111.140	19	0.427.266

(5) 연구의 의도와 논의

본 연구는 유아의 기질에 관한 진단에 대한 기존의 검사 방법들이 부모나 보육 기관의 보육사나 교사의 관찰에 의한 것이어서 부모 간 또는 교사 간에 진단의 주관적인 차이가 진단의 결과나 해석에서 오차의 원인으로 작용할 여지가 많은 실정이었다. 특히, 피검사자의 인지 능력 범위 내에서의 성격 따른 성향 및 기능을 유추한다는 한계를 지니고 있었던 점으로 인해 국내 지문 적성검사들이 성행하는 것에 대하여 좀 더 객관적인 검증의 필요성이 있다고 판단하여 연구하였으며, 이 연구에서 유아들의 성격 유형에 대한 뇌파 분석과 지문 분석의 유사성 연구로 뇌파 측정과 지문 검사를 통하여 양 분석 간에 대한 유사성의 경향을 검증하는 것이 다음과 같은 목적이었다.

1) 유아들의 지문 형태의 분포도와 한국인의 표준 지문 형태의 분포도와 일치하는가를 검증하였다.

2) 유아들의 뇌파 분석에 따른 정서 성향과 지문 형태 검사 분석에 따른 정서 성향과 유사성의 경향에 대해 검증하였다.

3) 유아들의 뇌파 분석에 따른 행동 성향이 지문 형태 검사 분석에 따른 행동 성향과 유사성의 경향에 대해 검증하였다.

4) 유아들의 뇌파 분석에 따른 성격 성향과 지문 형태 검사 분석에 따른 성격 성향과 유사성의 경향에 대해 검증하였다.

(6) 지문 분포도의 경향성

유아들의 지문 형태의 분포도와 한국인의 표준 지문 형태의 분포도와 일치하였다. 한국인의 표준 지문 형태의 분포(정민석, 1997)인 정기문〉두형문〉쌍기문〉호형문〉반기문과 유아들의 지문 분포인 정기문〉두형문〉쌍기문〉호형문〉반기문과 일치하였다. 정민석(1997)의 아주대학교 의과대학 『한국 사람의 지문과 손바닥문 및 손금의 생김새의 연구』에서 한국사람(3,216명: 남자 2,095명, 여자 1,121명)의 지문 분석의 결과를 토대로 연구 분석을 하였고 본 연구에서는 한국인 유아(80명: 남아 41명, 여아 39명)의 지문 분석의 결과를 토대로 연구 분석하였다. 이 연구 결과에서 분포 비율에서 거의 일치하는 수준이었으나, 본 연구 대상의 검사 인원이 다소 적었으며, 또한 연구 대상에 있어서도 유아들에게 한정되었다. 하지만 이 결과에서 정민석(1997)은 "지문과 손바닥문은 생김새가 사람마다 다르고 평생 바뀌지 않는 불변성이 있으므로 법의학 분야에서 개인을 식별하는 데 이용되며, 또한 지문의 생김새는 유전병마다 특이하여 임상분야에서 유전병을 진단하는 데 이용되고, 인종과 민족의 특성을 밝히는 체질인류학 분야에서도 적용되는 등 다양하게 이용되고 있다."라는 선행 연구에서처럼 한국인의 지문 형태의 분포에 대한 대상이 일반인이거나 유아들이거나 유사한 분포의 경향성이 있다고 했다.

(7) 뇌파와 지문 형태에 따른 정서 성향과의 유사 경향성

유아들의 뇌파 분석에 따른 정서 성향과 지문 형태 검사 분석에 따른 정서 성향과의 유사 경향성은 없었다. 이 연구에서 교차 분석의 검증 결과 뇌파 분석에서 총 80명의 대상자 중 뇌파 분석과 지문 형태 분석과의 명랑 성향 유사성은 23명이며, 우울 성향 유사성은 9명(11.3%)으로 나타났고 $\chi 2=3.877$, $p=0.061$로 뇌파 분석과 지문 형태 분석과의 정서 성향의 결과 간에 서로 유사성의 경향이 없었다. 정서 지수는 좌·우뇌 알파파 진폭의 차이와 상호 연관성에 의하여 구할 수 있다. 정서 지수는 정서적 안정, 불안정 상태를 나타낸다. 성향은 조증과 울증의 경향성을 말하는 것이다. 선행 연구와 관련하여 중·고등학생의 혈액형과 뇌 기능 및 좌·우뇌 선호도와의 관계 연구에서 혈액형과 지능과 성격을 함부로 연관 지어 편견이나 차별을 유도하는 것은 바람직하지 않다고 본다. 이 결과는 신경과학적인 뇌파 분석과 비교하여 차이가 있다는 것은 통계 과학적으로 검증된 검사 방법을 동반하지 않은 지문 형태 분류의 분석 정보로 개인의 정서 성향에 대하여 논한다는 것은 바람직하지 않다.

(8) 뇌파와 지문 형태에 따른 행동 성향과의 유사 경향성

유아들의 뇌파 분석에 따른 행동 성향과 지문 형태 검사 분석에 따른 행동 성향과의 유사 경향성은 있었다. 이 연구에서 교차 분석의 검증 결과 뇌파 분석에서 총 80명의 대상자 중 뇌파 분석과 지문 형태 분석과의 긍정 성향 유사성은 27명이며, 부정 성향 유사성은 13명으로 나타났고, $\chi 2=0.006$, $p=1.000$으로 뇌파 분석과 지문 형태 분석과의 행동 성향의 결과 간에 서로 유사성이 있었다. 활성 지수는 베타파에 대한 분석을 통하여 구할 수 있다. 좌뇌가 활성화되면 외부 자극에 긍정적이고 적극적인 반응을 보인다. 우뇌가 활성화되면 외부 자극에 부정적이고 비관적인 반응을 보인다. 이 결과는 지문 형태 검사가 좌·우뇌의 편향성에 접근하였다고 본다.

(9) 뇌파와 지문 형태에 따른 성격 성향과의 유사 경향성

유아들의 뇌파 분석에 따른 성격 성향과 지문 형태 검사 분석에 따른 성격 성향과의 유사 경향성은 있었다. 이 연구에서 교차 분석의 검증 결과에서 뇌파 분석의 경우 긍정·명랑이 26명 중 4명, 긍정·우울이 16명 중 4명, 부정·명랑이 27명 중 6명, 부정·우울이 11명 중 0명이었으며, 지문 형태 분석의 경우 긍정·명랑이 20명 중 4명, 긍정·우울이 33명 중 4명, 부정·명랑이 21명 중 6명, 부정·우울이 0명으로 나타나 성격 성향의 유사성에 대한 분석에서 부정·명랑이 뇌파 분석과 지문 형태 분석에서 6명으로 가장 많은 빈도를 보였고, 부정·우울이 0명으로 빈도가 전혀 없었다. 또한, 긍정·명랑이 뇌파 분석에서 26명 중 4명, 지문 형태 분석에서 20명 중 4명과 긍정·우울에서 뇌파 분석이 16명 중 4명, 지문 형태 분석이 33명 중 4명으로 빈도에서 차이를 보였다. 이 결과에서 유사성을 비교해 보면 뇌파 분석과 지문 형태 분석의 긍정·명랑 성향의 유사성이 4명, 긍정·우울 성향 유사성이 4명, 부정·명랑 성향 유사성이 6명, 부정·우울 성향 유사성이 0명으로 나타났고, $\chi^2=9.743$, $p=0.372$로 유의 수준 0.05보다 높게 나타났다. 행동 성향은 베타파의 활성도를 보며 표면 의식과 관련되어 있으며 정서 성향은 알파파의 비교로써 내면 의식과 관련되어 있다. 이 결과는 유아들의 성격 유형 비교(백기자, 2008c)와 일치하였으며, 본 연구의 행동 성향과 정서 성향을 합친 성격 성향의 분석에서는 두 성향 간의 결과가 보정되어 유사성의 경향이 있는 것으로 나타났다고 본다.

(10) 결론과 제언

1) 결론

본 연구는 2010년 6월 서울시 지역 소재의 W 유치원과 경기도 지역 소재의 S 유치원 유아 80명을 대상으로 유아들의 성격 유형에 대한 뇌파 분석과 지문 분석의 유사성 연구로 유사성의 경향에 대한 관계 연구를 검증하고자 개인이 지닌 각자의 고유한 지문 형태와 뇌 신경 생리학적 지표인 뇌파 측정을 이용하여 시도한 연구이다. 본 연구의 결과를 토대로 다음과 같은 결론을 얻을 수 있었다.

첫째, 유아들의 지문 형태의 분포도와 한국인의 표준 지문 형태의 분포도와 일치하였다. 유아들의 지문 형태별 분포도는 정기문〉두형문〉쌍기문〉호형문〉반기문 순으로 한국인의 표준 지문 형태의 분포인 정기문〉두형문〉쌍기문〉호형문〉반기문과 일치하였다.

둘째, 유아들의 뇌파 분석에 따른 정서 성향과 지문 형태 검사 분석에 따른 정서 성향은 유사성의 경향이 없었다.

셋째, 유아들의 뇌파 분석에 따른 행동 성향이 지문 형태 검사 분석에 따른 행동 성향이 유사하였다.

넷째, 유아들의 뇌파 분석에 따른 성격 성향과 지문 형태 검사 분석에 따른 성격 성향은 유사성의 경향이 있었다.

결론적으로 성격 유형을 판단함에 있어서 신경과학적인 뇌파 분석과 지문 형태 검사의 유사성 검증에서 일부 범주에서 의의 있는 유사성을 보여 주었으나 미치는 영향이나 작용 기전을 규명하는 후속적인 연구가 필요하다고 사료된다.

2) 연구의 제한점과 제언

본 연구는 유아들의 성격 유형에 대한 뇌파 분석과 지문 분석의 유사성 연구로 생리학 지표인 뇌파 측정과 지문 형태를 통한 분석으로 양 분석 간의 유사성 경향을 밝혀보는 데 목적이 있었다. 본 연구의 결과를 종합해 보면 지문 형태의 분류로 행동 성향과 성격 성향에서의 유사성의 경향이 있었으나, 정서 성향에서는 유사성이 없었으므로 통계 과학적으로 검증된 검사 방법을 동반하지 않은 채 과학적으로 검증이 이루어지지 않은 지문 형태 분류의 분석 정보로 개인의 고유한 성격 및 정서 성향에 대하여 논한다는 것은 개인에게 부정적인 심리적 요소로 부작용의 우려가 있다. 또한, 유아들이 가지고 있는 지식적 능력으로는 도저히 해결할 수 없는 기존의 지필식 방법인 성격 및 성향 검사에 반하여 비교적 간편하며 편리한 방법으로 유아들의 지적 능력과 관계가 없는 방식의 성격 및 성향 검사인 뇌 기능 측정 분석과 지문 형태 검사 분석 방법으로 연구 설계와 분석을 하게 된 것에 그 의의가 있을 수 있다. 뇌파 측정 분석에 따른 정서적 성향과 행동 성향, 성격 성향에 대한 지문 형태 검사 분석과의 유사성 경향에서는 연구 대상자의 N 수가 다소 부족한 감이 있어 통계적으로 불리한 결과가 있을 수 있을 것이다. 이러한 결과를 토대로 본 연구의 제한점과 후속 연구를 제언하고자 한다. 첫째, 본 연구에서는 연구 대상을 서울지역 소재 W 유치원과 경기도 소재 S 유치원의 만 4세에서 6세의 유아 80명에 국한된 것이므로, 연구의 결과를 일반화시키기에는 부족한 점이 있다. 따라서 초등학생과 중학생, 고등학생, 대학생 그리고 성인 및 노년층까지 다양한 연령의 더 많은 연구 대상자를 넓혀 포괄적이고 심층적인 후속 연구가 이루어져야 할 것이다. 둘째, 본 연구에서는 뇌파 측정 분석과 지문 형태 검사 분석과의 정서적 성향 및 행동 성향의 성격 성향에 대한 유사성에 관한 연구이었지만, 차후 후속 연구에서는 뇌파 분석 방법이 아닌 기타 여러 가지의 다른 검사 방법과도 유사성에 대한 비교 분석이 진행되어야 할 것이다. 셋째, 지문 형태 검사 분석의 체계적인 연구 분석 방법과 더불어 발가락의 족지문과 손바닥 문양에 관한 연구도 병행되어 통계적 접근 방법으로 좀 더 과학적인 후속 연구가 필요할 것이다. 넷째, 지문 형태가 성격이나 다중 지능과 관련이 있다는 지문 검사 업체의 주장도 있고, 그렇지 않다는 반대의 주장도 있다. 물론 통계학을 기반으로 하거나, 생리적인 측면에서의 입증과 같은 과학적 증명이 되기 전에는 어떠한 주장도 할 수 없는 것이 현실이다. 단, 지문의 형태로 직업이나 성격 군을 편의상 나눌 수는 있다지만, 이것이 불특정 다수에게 모두 적용되기는 어려우며, 또한 개인의 인권 옹호를 위해서도 있을 수 없기 때문에 추후 연구에서는 더 다양한 대상자들의 지문 형태 분석과 뇌파 측정 외에도 생리적 지표로 입증할 수 있는 도구와 이를 증명할 수 있는 통계과학적인 방법의 요구가 절실하다 하겠다.

참고 문헌

1. 국내 문헌

강호감(1990), "대뇌 좌우 양반구의 기능과 성차", 『과학수학교육연보』, vol.6, pp.69-70

김대식·최창옥(2001), 『뇌파검사학』, 고려의학

김명선(1997), 『신경심리의 원리와 평가』, 하나의학사

김상윤(2009), "유아의 사회적 행동발달과 손가락의 길이 2D : 4D의 비율과의 관련성에 대한 연구", 『아동연구 제15집』, pp.83-96

김용진(2000), "문제풀이 활동에서 뇌파 측정에 의한 두뇌 기능 상태의 평가", 『한국생물교육학회지』, 28권 3호, pp.291-301

김용진, 장남기(2001), "중학교 과학 수업에서 두뇌순환학습 프로그램의 적용효과", 『한국과학교육학회지』, 29권 2호, pp.186-194

김현수(2010), "피문학을 통한 DNA.지문측정에 의한 다중지능 조사 연구", 『한국정신과학회지』, pp.55-88

박경희(2004), 『과학창의성 검사도구 개발과 과학영재아의 뇌 기능 분석』, 한국교원대학교 대학원 박사학위논문

박만상·윤종수(1999), 『뇌파학 개론』, 고려의학

박병운(2005), 『뉴로피드백 입문』, (재)한국정신과학연구소

박선익(2006), 『내 아이의 지문에 미래가 숨어있다』, 황금나침반

박재근(2002), "사고 활동 중의 전방전두엽에서의 뇌전도 분석에 기초한 두뇌의 활성화 상태 분석", 『한국생물교육학회지』, 제30권 1호, pp.54-65

백기자(2007), 『바둑인의 뇌 기능 및 기력향상에 뉴로피드백 훈련이 미치는 영향에 관한 연구』, 서울벤처정보대학원대학교 박사학위 논문

백기자·박병운·안상균(2009), "시계열 선형분석을 통한 유아들의 좌

우뇌균형에 전전두엽 뉴로피드백훈련이 미치는 영향 연구", 『한국산학기술학회지』, 제10권(7호), pp.1673-1679

백기자·박병운·안상균(2008), "유아들의 형액형과 정서적 성향간의 관계 연구", 『한국산학기술학회논문지』, 제9권(6), pp.1818-1824

백기자·안상균·이혜경(2010), "노인들의 혈액형과 인지 기능 및 행동 성향과의 관계 연구", 『한국산학기술학회논문지』, 제11권(6), pp.2072-2077

백기자·안상균(2010), "중·고등학생의 혈액형과 뇌 기능 및 좌우뇌 선호도와의 관계 연구", 『한국국산학기술학회 2010년도 춘계학술발표 논문집』, 2부, pp.1053-1056

신애경(2003), "CASE 프로그램에 의한 초등학생들의 인지가속 효과", 『한국초등과학교육학회 초등과학교육』, 제22권, pp.1-14

심도현(2005), 『인지과제 수행 시 컴퓨터 게임 중독성향 아동과 비교 집단 아동의 뇌지수 차이』, 서울대학교 대학원 아동가족학과 석사학위 논문

윤미경(2006), 『기혈 파동 두피 마사지가 중년여성의 심리 및 생리적 반응에 미치는 효과』, 경기대학교 대체의학대학원 석사학위 논문

윤병수(2007), 『접근성향과피성향에 따른 정서자극에 대한 평가와 정신생리적 반응 차이』, 부산대학교 대학원 심리학과 박사학위 논문

이인혜(1997), "성격 및 유쾌한 및 불쾌한 생활경험 그리고 주관적 안녕감 간의 관계", 『한국심리학회지 건강』, 제2권(1), pp.209-219

원희욱(2008), 『뉴로피드백 훈련이 고등학생의 학업 성취도와 뇌 기능에 미치는 영향』, 서울벤처정보대학원대학교 박사학위 논문

정민석(1997), "한국사람 지문의 생김새", 『대한체질인류학회지』, 제10권(1), pp.251-264

조선희·김수용·진승현·이건호·김영윤·장남기(2001), "학습활동 시 뇌호흡 수련학생과 일반학생의 뇌파 분석", 『한국행동생물학회지』, 제10권(1), pp.43-58

㈜1%클럽, "NQ Test의 특성", 2010, aptitude.co.kr

㈜1%클럽, "피문학이란", 2010, aptitude.co.kr

최숙자(2008), 『반신욕과 등마사지가 직장인의 혈액성상 및 뇌 기능, 스트레스변화에 미치는 효과』, 서경대학교 석사학위논문

하종덕(2003), "과학창의적 과제 수행 중 과학영재와 일반아의 뇌파 비교분석", 『경북대학교, 5월 31일, 한국영재학회 춘계학술대회 2003』

한국어위키백과, "지문", 2010, http://ko.wikipedia.org/wiki.

한국요성, "지문과 유전", 2010, justfinger.co.kr

한선호 등(1998), "IMF와 관련된 스트레스로 신경정신과를 방문한 환자들의사회정신의학적 특징"『순천향의학연구소, 순천향의과학』, 제4권 2호, pp.287-298.

2. 국외 문헌

Baehr, E. Rosenfeld, J. P. Baehr, R. and Earnest, C.(1999). Clinical use of an alpha asymmetry neurofeedback protocol in the treatment of mood disorders, In (J.R. Evans, ed.) Introduction to Quantitative EEG and Neurofeedback, N.Y.: Academic Press, pp. 181-201.

Bruce, J.(1999). Fisch and Spehlmann's EEG Primer, 3rd Ed. Elsevier, pp. 141-198. 93-306.

Carver, C. S. & White, T.L.(1994). Behavioral inhibition, behavioral activation, and affective responses to impending reward and purnishment: The BIS/BAS Scale. Journal of Personality and Social Psychology, 67, pp. 319-333.

Davidson, R.J.(1994). Temperament, affective style and frontal lobe asymmetry. In

G. Dawson & K. W. Fischer(Eds.) Human behavior and the developing bra in, NY: The Guild Press, pp. 518-536.

Davidson,R.J.(1998). Affective style and Affective Disorders: Perspectives From Affective Neuroscience, Cognition and Emotion, pp. 307-330.

Enger,T.&Gruzelier, J. H.(2003). Ecological validity of neurofeedback: modulation of slow wave EEG enhances musical performance, Neuroreport, 14(1), pp. 1221-1224.

Fernandez, T. Harmony, T. Rodriguez, M., Bernal, J. Silva, J.Reyes, A.(1995). EEG activation patterns during the performance of tasks involving differ Korea-Wechsler preschool and Primary Scale of Intelligencerent components of mental calculation, Electroencephalography and Clinical europhysiology, 94, pp. 175-182.

Fisch, B. J(1999). Fisch and Spehlmann's EEG Primer(3rd Ed), Elsevier.

Fuster, J.M.(1981). The prefontal cortex: Anatomy, physiology,and neurophychology of the frontal lobe, Raven press, New York.

Gailn, K. & Ornstein, R.(1972). Lateral specialization of cognitive mode: An EEG study, Psychophysiology, pp. 412-418.

Gotlib, I. A. Ranganath C. & Rosenfield, J. P.(1998). Frontal EEG alphasym metry, depression, and cognitive functioning, Cognition and Emotion, pp. 449-478.

Gray, J. A.(1990). Brain systems that mediate both emotion and cognition. special issue : Development of relationships between emotion and cognition, cognition and emotion, 4, pp. 269-288.

Grillon, C. & Buchsbaum, M.(1986). Computed EEG topography of response to visual and auditory stimuli, EEG and Clinical Neurophysiology, 63: pp.42-53.

Holt SB(1973). The significance of dematoglyphics in medicine, A short survey and summary. Clin Pediatr (Phila) 12: 471-484.

Incisa, D. R. A & Milner, B.(1993). Strategic seach and retrieval inhibition the role of the frontal lobes, Neuropsychologia, 31, pp. 503-524.

Jausovec, N.(1997), Differences in EEG alpha activity between gifeted and non-identified individuals: insights into problem solving, Gifted Child Quarterly, 41, pp.26-32.

Kamiya, J.(1972). Self-Regulation as An Aid to Human Performance: Annal Progress Report (contract No 014-70-C-0350), San Francisco: Submitted to The San Diego University Foundation, Langhy Porte Neuro psychiatric Institute.

Kellaway(1979). An ordely approach to visual analysis : Parameters of the normal EEG in adualts and children, in D. W. Klass and D.D. Daly(Eds.), Current Practice of Clinical Electro- encephalography, Raven Press, New York, pp. 69-147.

Klimesch, W.(1995). Memory process described as brain oscillations in the EEG-alpha and theta bands, Psychology, 11: 1995, pp. 134-143.

Larson, C. L. Davidson, R. J. Abercrombie, H. .C. Ward, R. T. Schaefer, S. M. Jackson, D. C. Holden, J. E. & Perlman, S. B.(1998). Relations between PET-derived measures of thalamicglucose metabolisrm and EEG alphapower,Psychophysiology, 35, pp.162-169.

Lubar J. F. and Shouse, M. N.(1976). EEG and behavioral changes in a hyperk inetic child concurrent with training of the sensorimotor rhythm(SMR): A preliminary report, Biofeedback and Self-regulation.

Lubar J. F. Swartwood, M. O. Swartwood, J. N. & O Donnell, P. H. (1995).Evaluation of the effectiveness EEG neurofeedback training for ADHD in a clinical setting as measured by changes in T.O.V.A. scores behavioral rating, and WISC-R performance, Biofeedback & Self-regulation, 20, PP. 83-99.

Luria, A. R.(1973). The Working Brain : An Introduction to Neuro- psychology, NY: Basic Books.

MacLean, P. D.(1990). The triune brain in evolution: role in paleocerebral function, NY: Plentice-Hall.

Mann, J. J. Malone, K. M., Diehl, D. J. Perel, J. Nichols, T .E. & Mintun, M. A.(1996). Positron Emission Tomographic Imaging of Serotonin Activation Effects on Prefrontal Cortex in Healthy Volunteers, Journal of Cerebral Blood Flow & Metabolism, 16, pp. 418-426.

Mark, F. B. Barry, W. C. & Michael, A. P. Neuroscience(2001). Exploring the Brain: Philadelphia: Lippincott Williams & Wilking.

Maulsby, R. L.(1971). An illustration of emotionally evoked theta rhythm in infancy: Hedonic Hypersynchrony. EEG and Clinical Neuroscience Letters, 143: pp. 10-14.

Peniston, E. G. Marrinan, D. A. Deming, W. A. & Kulkosky, P.J.(1993). The Possible meaning of the upper and lower alpha frequency ranges of cognitive and creative tasks, International Journal of Psychophysiology, 26, pp. 77-97.

Peniston, E. G. & Kulkosky, P. J.(1989). Alpha-theta brainwave training and beta endorphin levels in alcoholics, Alcoholism, Clinical and Experimental Results, 13(2), pp. 271-279.

Peniston, E. G. & Kulkosky, P. J,(1990). Alcoholic personality and Alpha-theta brain wave training, Medical psychotherpy,pp. 37-55.

Peniston, E. G. & Kulkosky, P. J.(1991). Alpha-theta brain waveneuro- feedback therapy for vietnam veterans with combat-related post-traumatic stress disorder, Medical Psychotherapy, pp. 47-60.

Ponicton, E. G. & Kulkosky P. J.(1992), Aopha-theta EEG biofeedback training in alcoholism and post-traumatic stress disorder, The International Society of the Study of Subtle Energies and Energy Medicines, pp. 5-7.

Sagan, C.(1997). The dragons of Eden. NY: Random House.

Schmid, R. G. Tirsch, W. S. & Scherb, H.(2002). Correlation between spectral EEG parameters and intelligence test variables in school-age children, Clinical Neurophysiology, 113, pp. 1647-1656.

Simonov, P. V.(1997). Neurobiological basis of creativy. Neuroscience of Behavior Physiology, 27(5). pp. 585-591.

Sterman, M. B. & Wywricka, W.(1967). EEG correlates of slep: Evidence for separate forebrain substrates, Brain Research, pp. 143-163.

Sterman, M. B.(1977). sensory-motor EEG operant conditioning: Experimental and clinical effect, Pavlovian Journal of Biological Science, pp. 63-92.

Sutton, S. K. Davidson, R. I.(1997). Prefrontal Brain Asymmetry: A Biological Substrate of the Behavioral Approach and Inhibition System, Psychological science, pp. 204-210.

Tjoa, A.(1975). Increased intelligence and reduced neuroticism through the Transcendental Meditation program. Findings previously published as Meditatin, neuroticism and intellignece: A follow- up in Gedrag, ournal of Psychology, pp. 167-182.

Veron, D. J.(2005). Can neurofeedback training enhance performance?, an evaluation of the evidence with implications for future research, Applied Psychophysiology and Biofeedback 30(4), pp. 347-364.

Wilson, F. A. Scalaidhe, S. P. & Goldman-Rakic, P. S.(1993). Dissociation of Object and Spatial Processing Domains in Primate Prefrontal Cortex, Science, 260, 1993, pp. 1955-1958.

Wood, N. J. and Grafman, J.(2003). Human Prefrontal Cortex: Processing and Representational Perspectives Nature Reviews, Neuroscience, pp. 13 9-147.

부록

1. 뇌 기능 분석표
2. 유전자 지문 적성검사서
3. 지문 형태별 점수 산정 및 지문 분석표
4. 정서 및 활성 지수에 대한 뇌 기능 분석 VS 지문 분석(대상자)
5. 지문 형태별 정서 및 행동 성향 통합 분석 방법 및 분석 자료
6. 지문 적성검사 업체 분석 자료

1. 뇌기능 분석표   2. 지문판독검사표

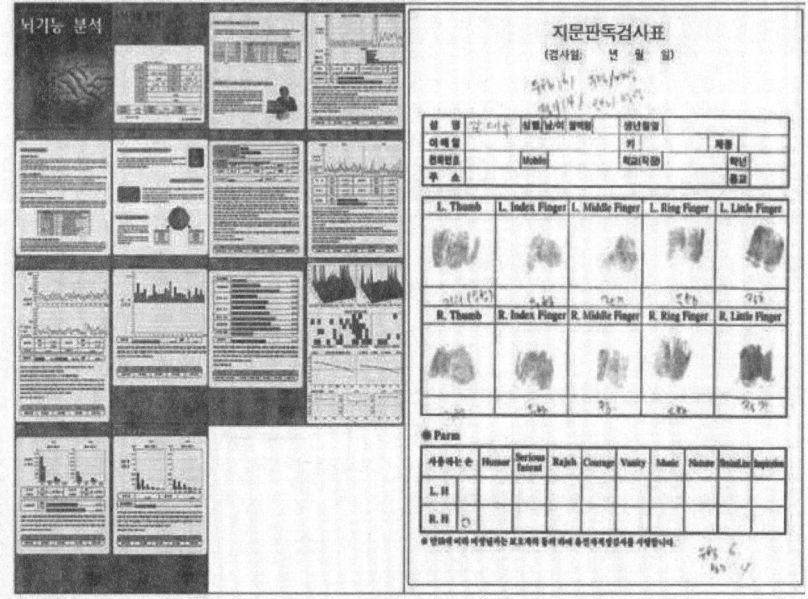

1. 뇌기능 분석표   2. 지문판독검사표

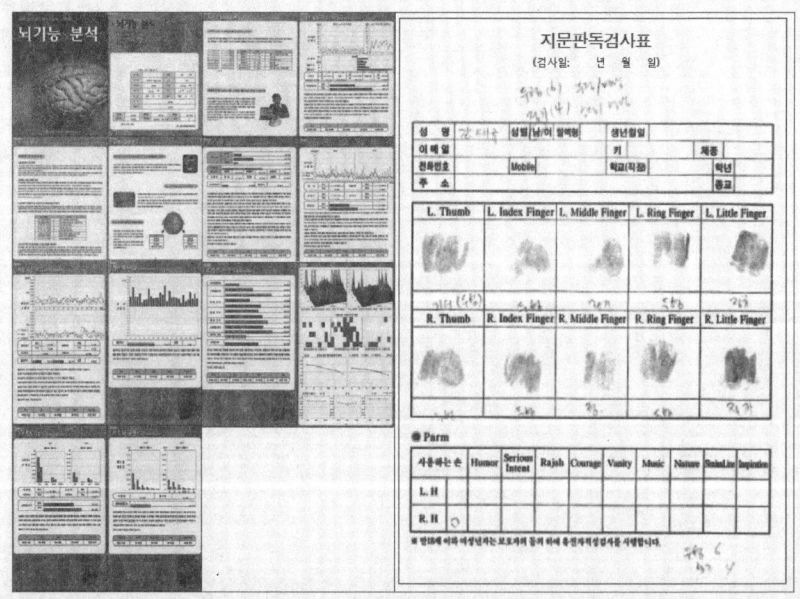

3. 지문 형태별 점수 산정 및 지문 분석표

구분	지문 형태				
	정기문	두형문	쌍기문	반기문	호형문
전수(전)					

No	이름	성향	구분	왼손					오른손					계	합계
				정기문	두형문	쌍기문	반기문	호형문	정기문	두형문	쌍기문	반기문	호형문		
1		정서	긍정												
			부정												
		행동	명랑												
			우울												
2		정서	긍정												
			부정												
		행동	명랑												
			우울												
3		정서	긍정												
			부정												
		행동	명랑												
			우울												

4. 정서 및 활성 지수에 대한 뇌기능 분석 VS 지문 분석(대상자)

NO	구분		뇌기능 지수 분석				지문지수 분석				뇌와 지문	행동	행동	정서	정서
	이름	성별	행동지수(좌)	행동지수(우)	성향	정서지수	긍정:부정	성향	명랑:우울	성향	일치지수	뇌	지문	뇌	지문
1	강동원	남	75.418	85.685	부정	80.569	10:00	긍정	1:09	우울	3	2	2	1	1	2
2	강태규	남	71.359	84.629	부정	81.313	4:06	부정	7:03	명랑	3	3	2	2	1	1
3	김병훈	남	51.365	50.702	부정	76.006	4:06	부정	10:00	명랑	4	3	2	2	2	1
4	김보민	남	84.93	84.587	부정	82.372	7:03	긍정	1:09	우울	3	2	2	1	1	2
5	김시연	여	43.731	44.938	부정	68.819	6:04	긍정	5:05	명랑	3	1	2	1	1	1
6	김예슬	여	83.82	83.438	긍정	86.932	9:01	긍정	0:10	우울	1	2	1	1	1	2
7	김유빈	여	76.696	79.841	부정	85.745	9:01	긍정	0:10	우울	3	2	2	1	1	2
8	김진욱	남	77.367	76.273	긍정	84.584	4:07	부정	8:03	명랑	1	3	1	2	1	1
9	서지원	여	84.624	84.451	부정	89.795	8:02	긍정	2:08	우울	3	2	2	1	1	2
10	서효진	여	80.302	86.611	부정	80.024	4:06	부정	2:08	우울	3	4	2	1	1	2
11	손병기	남	86.757	86.916	부정	81.996	6:04	긍정	6:04	명랑	4	1	2	1	2	1
12	송준영	남	86.418	86.183	부정	83.364	3:07	긍정	9:01	명랑	1	3	1	2	1	1
13	양사랑	여	78.551	77.717	긍정	80.603	2:08	부정	8:02	명랑	1	3	1	2	1	1
14	오유민	여	84.589	83.681	부정	84.004	9:01	긍정	1:09	명랑	3	2	2	1	2	1
15	오윤서	여	86.022	86.923	긍정	93.141	7:03	긍정	8:02	명랑	2	1	1	2	1	1
16	이다원	여	84.834	85.564	부정	82.282	1:09	부정	9:01	명랑	4	3	2	2	2	1
17	이병찬	남	87.653	83.956	긍정	83.968	9:01	긍정	0:10	우울	1	2	1	1	1	2
18	이연우	남	75.248	75.172	긍정	75.378	0:10	부정	0:10	우울	1	4	1	1	1	2
19	이현지	여	76.151	77.942	부정	83.047	9:01	긍정	0:10	우울	3	2	2	1	1	2
20	전류영	여	80.513	81.556	부정	85.249	0:10	부정	10:00	명랑	3	3	2	2	2	1
21	황한주	남	83.77	84.037	부정	85.156	7:03	긍정	2:08	우울	3	2	2	1	1	2
22	김예담	여	78.929	75.365	긍정	79.841	7:03	긍정	3:07	명랑	1	2	1	1	1	1
23	박지민	여	85.984	86.242	부정	90.173	4:06	부정	6:04	명랑	4	3	2	2	2	1
24	백준	남	89.656	88.126	부정	92.748	3:07	부정	7:03	명랑	3	2	2	2	2	1
25	치요리	여	43.019	45.118	부정	89.837	6:04	긍정	2:08	우울	4	2	2	1	1	2
26	장윤성	남	87.483	74.753	긍정	92.059	4:06	부정	7:03	명랑	2	3	1	2	2	1
27	양지웅	남	70.539	70.855	긍정	80.184	9:01	긍정	1:09	우울	1	2	1	1	1	2
28	심민준	남	80.325	80.967	부정	86.932	6:04	긍정	10:00	명랑	3	1	2	1	1	1
29	송유민	여	87.321	85.785	긍정	85.745	4:06	긍정	5:05	명랑	2	1	1	1	1	1
30	김호윤	남	84.392	84.749	부정	84.584	9:01	긍정	0:10	우울	3	2	2	1	1	2
31	박수아	여	79.585	69.737	긍정	88.644	10:00	긍정	0:10	우울	2	2	1	1	1	2
32	강태윤	남	87.198	85.839	긍정	89.795	2:08	부정	8:02	명랑	1	3	1	2	1	1
33	김서진	남	78.664	78.327	긍정	80.024	2:08	부정	9:01	명랑	2	3	2	2	2	1
34	김나은	여	81.198	80.932	긍정	81.996	0:10	긍정	3:07	명랑	1	4	1	2	1	1
35	김도연	여	81.321	81.828	긍정	91.038	6:04	긍정	7:03	명랑	2	1	1	2	1	1
36	김선우	여	66.958	71.812	부정	84.408	8:02	긍정	0:10	우울	3	2	2	1	1	2
37	김연슬	여	77.96	83.756	긍정	84.752	7:03	긍정	3:07	우울	4	2	2	1	2	2
38	김우진	남	81.48	76.476	긍정	89.11	7:03	긍정	1:09	우울	1	2	1	2	1	2
39	김윤지	여	80.019	78.691	긍정	90.488	8:02	긍정	2:08	우울	1	2	1	1	1	2
40	김정민	여	78.602	81.522	부정	82.415	10:00	긍정	4:06	우울	3	2	2	1	1	2

41	김태준	남	85.676	84.697	긍정	80.901	8:02	긍정	3:07	우울	1	2	1	1	1	2
42	김태진	남	86.89	78.11	긍정	87.849	9:01	긍정	6:04	명랑	1	1	1	1	1	1
43	김태희	여	70.27	81.556	부정	80.916	8:02	긍정	0:10	우울	3	2	2	1	1	2
44	난코미쿠	여	80.626	77.733	긍정	84.68	5:05	긍정	1:09	우울	2	2	1	1	2	2
45	박민우	남	85.598	86.23	부정	87.732	7:03	긍정	10:00	명랑	3	1	2	1	1	1
46	박서이	여	72.496	71.876	긍정	82.216	5:05	긍정	5:05	명랑	1	1	1	1	1	1
47	박수윤	남	86.715	73.554	긍정	81.375	8:02	긍정	6:04	명랑	2	1	1	1	2	1
48	박승현	남	88.155	86.855	긍정	87.832	9:01	긍정	5:05	명랑	2	1	1	1	1	1
49	사토미	여	84.719	82.543	긍정	85.43	7:03	긍정	8:02	명랑	2	1	1	1	1	1
50	손민경	여	79.976	80.403	부정	83.19	7:03	긍정	8:02	명랑	3	1	2	1	1	1
51	송유림	여	86.14	86.419	부정	87.875	9:01	긍정	4:06	우울	3	2	2	1	1	2
52	신연우	여	61.722	60.751	긍정	85.028	10:00	긍정	2:08	우울	1	2	1	1	1	2
53	신재민	남	83.8	83.54	긍정	90.111	5:05	긍정	6:04	명랑	1	1	1	1	1	1
54	엄재민	남	83.51	83.241	긍정	92.194	5:05	긍정	6:04	명랑	2	1	1	1	2	1
55	왕예진	여	83.011	82.288	긍정	93.381	4:06	부정	2:08	우울	1	4	1	2	1	2
56	윤승규	남	69.078	81.475	부정	78.225	4:06	부정	8:02	명랑	3	3	2	2	1	1
57	이건우	남	80.251	76.971	긍정	83.924	5:05	긍정	6:04	명랑	1	1	1	1	1	1
58	이윤경	여	71.959	65.923	긍정	88.54	3:07	부정	9:01	명랑	1	3	1	2	1	1
59	이윤서	여	84.686	86.879	부정	76.517	0:10	부정	10:00	명랑	4	3	2	2	2	1
60	이윤아	여	72.996	60.797	긍정	82.516	4:06	긍정	7:03	명랑	2	3	1	2	2	1
61	이윤주	여	76.216	78.053	부정	87.267	7:03	긍정	6:04	명랑	3	1	2	1	1	1
62	이정우	남	89.701	89.814	긍정	86.975	7:03	긍정	2:08	우울	1	2	1	1	1	2
63	이정윤	여	81.812	82.271	부정	87.46	9:01	긍정	1:09	우울	3	2	2	1	1	2
64	이찬혁	남	88.06	85.409	긍정	93.537	4:06	부정	9:01	명랑	2	3	1	2	1	2
65	이후성	남	74.415	79.087	부정	86.162	5:05	긍정	6:04	명랑	4	1	2	1	1	1
66	장선아	여	59.387	59.389	긍정	82.966	8:02	긍정	2:08	우울	2	2	1	1	2	2
67	전세웅	남	79.763	78.699	긍정	82.338	8:02	긍정	4:06	우울	1	2	1	1	1	2
68	전우진	남	88.318	76.071	긍정	88.071	9:01	긍정	1:09	우울	2	2	1	2	1	2
69	진준환	남	71.645	76.586	부정	89.998	5:05	긍정	3:07	우울	4	2	2	1	2	2
70	정재원	남	74.738	78.906	긍정	85.505	5:05	부정	4:06	우울	3	4	2	2	1	2
71	정혜린	여	78.335	76.63	긍정	82.341	2:08	부정	10:00	명랑	2	3	1	2	2	1
72	주다현	여	68.931	63.077	긍정	78.57	2:08	긍정	0:10	우울	1	4	1	2	1	2
73	주예나	여	86.516	87.308	긍정	90.336	10:00	긍정	0:10	우울	1	2	1	1	1	2
74	주예은	여	83.551	84.44	부정	80.658	9:01	긍정	0:10	우울	4	2	2	1	2	2
75	최서진	남	87.34	86.833	부정	91.684	4:06	부정	5:05	명랑	3	3	2	2	1	1
76	최승호	남	84.183	84.244	부정	82.839	7:03	긍정	2:08	우울	4	2	2	1	2	2
77	최준영	남	81.846	78.209	긍정	76.712	7:03	긍정	9:01	명랑	2	1	1	1	2	1
78	하이치	남	84.721	83.765	긍정	94.288	3:07	부정	7:03	명랑	1	3	1	2	1	1
79	함은서	여	72.873	72.45	부정	86.161	3:07	부정	7:03	명랑	3	3	2	2	1	1
80	홍원준	남	88.604	86.849	긍정	96.154	6:04	긍정	1:09	우울	1	2	1	1	1	2

5. 지문 형태별 정서 및 행동 성향 통합 분석 방법 및 분석 자료

① 각 지문별 산정 점수: 정기문, 두형문, 쌍기문, 반기문, 호형문 각 1점
② 성향 판정
  . 행동 성향
(긍정: 두형문, 쌍기문)-(부정: 정기문, 반기문, 호형문) 경우
(긍정〉부정)=긍정, (긍정〈부정)=부정
  . 정서 성향 판정
(명랑: 정기문, 쌍기문)-(우울: 두형문, 반기문, 호형문) 경우
(명랑〉우울)=명랑, (명랑〈우울)=우울

③ 좌/우뇌 판정
(긍정+명랑〉부정+우울)=좌뇌성향/(긍정+명랑〈부정+우울)=우뇌성향
(좌뇌:우뇌)=동율일 시
주사용손에 따라 오른손(좌뇌), 왼손(우뇌)에 각각 우세 부여
(긍정+명랑)=(부정+우울)
동점일 경우 주 사용 손에 따라 우세 성향 판정

[주 사용 손: 오른손(긍정과 명랑), 왼손(부정과 우울)에 각각 우세 성향 부여]

지문 형태별 행동(활성) 및 정서 성향 통합 분석표
(OO 유치원: 22명-남아 10, 여아 12)

No	이름(성별)주사용손	성향	구분 형태	왼손 및 오른손(10개의 지문)					소계(긍정·명랑 VS 부정·우울)	합계
				두형문	쌍기문	정기문	반기문	호형문		
1	강동원(남)오른손	행동(활성)	긍정		1	9			10	긍정
			부정						0	
		정서	명랑		1				1	우울
			우울			9			9	
		(좌뇌:우뇌)계			2	18			(11:9)	20
		판정				긍정/우울			좌뇌성향	
2	강태규(남)오른손	행동(활성)	긍정		1	3			4	부정
			부정	6					6	
		정서	명랑	6	1				7	명랑
			우울			3			3	
		(좌뇌:우뇌)계		12	2	6			(11:9)	20
		판정				부정/명랑			좌뇌성향	
3	김병훈(남)오른손	행동(활성)	긍정		4				4	부정
			부정	6					6	
		정서	명랑	6	4				10	명랑
			우울						0	
		(좌뇌:우뇌)계		12	8				(14:6)	20
		판정				부정/우울			좌뇌성향	
4	김보민(남)오른손	행동(활성)	긍정			7			7	긍정
			부정	1			2		3	
		정서	명랑	1					1	우울
			우울			7	2		9	
		(좌뇌:우뇌)계		2		14	4		(8:12)	20
		판정				긍정/우울			우뇌성향	
5	김시연(여)오른손	행동(활성)	긍정		1	5			6	긍정
			부정	4					4	
		정서	명랑	4	1				5	명랑
			우울			5			5	
		(좌뇌:우뇌)계		8	2	10			(11:9)	20
		판정				긍정/명랑			좌뇌성향	
6	김예슬(여)오른손	행동(활성)	긍정			9			9	긍정
			부정				1		1	
		정서	명랑						0	우울
			우울			9		1	10	
		(좌뇌:우뇌)계				18	2		(9:11)	20
		판정				긍정/우울			우뇌성향	
7	김유빈(여)오른손	행동(활성)	긍정			9			9	긍정
			부정				1		1	
		정서	명랑						0	우울
			우울			9		1	10	
		(좌뇌:우뇌)계				18	2		(9:11)	20
		판정				긍정/우울			우뇌성향	
8	김진욱(남)오른손	행동(활성)	긍정		1	3			4	부정
			부정	7					7	
		정서	명랑	7	1				8	명랑
			우울			3			3	
		(좌뇌:우뇌)계		14	2	6			(12:10)	20
		판정				부정/명랑			좌뇌성향	
9	서지원(여)왼손	행동(활성)	긍정			8			8	긍정
			부정	2					2	
		정서	명랑	2					2	우울
			우울			8			8	
		(좌뇌:우뇌)계		4		16			(10:10)	20
		판정				긍정/우울			우뇌성향	
10	서효신(여)오른손	행동(활성)	긍정			4			4	부정
			부정	2			1	3	6	
		정서	명랑	2					2	우울
			우울			4	1	3	8	
		(좌뇌:우뇌)계		4		8	2	6	(6:14)	20
		판정				부정/우울			우뇌성향	

11	손병기 (남) 오른손	행동 (활성)	긍정		2	4			6		긍정
			부정	4					4		
		정서	명랑	4	2				6		명랑
			우울			4			4		
		(좌뇌:우뇌)계		8	4	8			(12:8)		20
		판정				긍정/명랑				좌뇌성향	
12	송준영 (남) 오른손	행동 (활성)	긍정		2	1			3		부정
			부정	7					7		
		정서	명랑	7	2				9		명랑
			우울			1			1		
		(좌뇌:우뇌)계		14	4	2			(12:8)		20
		판정				부정/명랑				좌뇌성향	
13	양사랑 (여) 왼손	행동 (활성)	긍정			2			2		부정
			부정	8					8		
		정서	명랑	8					8		명랑
			우울			2			2		
		(좌뇌:우뇌)계		16		4			(10:10)		20
		판정				부정/명랑				우뇌성향	
14	오유민 (여) 오른손	행동 (활성)	긍정			9			9		긍정
			부정	1					1		
		정서	명랑	1					1		명랑
			우울			9			9		
		(좌뇌:우뇌)계		2		18			(10:10)		20
		판정				긍정/명랑				좌뇌성향	
15	오윤서 (여) 오른손	행동 (활성)	긍정		5				7		긍정
			부정	3					3		
		정서	명랑	3	5				8		명랑
			우울			2			2		
		(좌뇌:우뇌)계		6	10	4			(15:5)		20
		판정				긍정/명랑				좌뇌성향	
16	이다원 (여) 왼손	행동 (활성)	긍정			1			1		부정
			부정	9					9		
		정서	명랑	9					9		명랑
			우울			1			1		
		(좌뇌:우뇌)계		18		2			(10:10)		20
		판정				부정/명랑				우뇌성향	
17	이병찬 (남) 왼손	행동 (활성)	긍정			9			9		긍정
			부정				1		1		
		정서	명랑						0		우울
			우울			9	1		10		
		(좌뇌:우뇌)계				18	2		(9:11)		20
		판정				긍정/우울				우뇌성향	
18	이연우 (남) 오른손	행동 (활성)	긍정						0		부정
			부정	10					10		
		정서	명랑	10					0		우울
			우울						10		
		(좌뇌:우뇌)계		20					(0:20)		20
		판정				부정/명랑				우뇌성향	
19	이현지 (여) 오른손	행동 (활성)	긍정			9			9		긍정
			부정				1		1		
		정서	명랑						0		우울
			우울			9	1		10		
		(좌뇌:우뇌)계				18	2		(9:11)		20
		판정				긍정/우울				우뇌성향	
20	전류영 (여) 오른손	행동 (활성)	긍정						0		부정
			부정	10					10		
		정서	명랑	10					10		명랑
			우울						0		
		(좌뇌:우뇌)계		20					(10:10)		20
		판정				부정/명랑				좌뇌성향	
21	황한주 (남) 오른손	행동 (활성)	긍정		2	5			7		긍정
			부정				3		3		
		정서	명랑		2		3		2		우울
			우울			5	3		8		
		(좌뇌:우뇌)계			4	10	6		(9:11)		20
		판정				긍정/우울				우뇌성향	

번호	이름	대분류	소분류	①	②	③	④	합계	판정
22	김예담 (여) 왼손	행동(활성)	긍정		7			7	긍정
			부정	3				3	
		정서	명랑	3				3	우울
			우울		7			7	
		(좌뇌:우뇌)계		6	14			(10:10)	20
		판정		긍정/우울				우뇌성향	
23	박지민 (남) 오른손	행동(활성)	긍정		4			4	부정
			부정	6				6	
		정서	명랑	6				6	명랑
			우울		4			4	
		(좌뇌:우뇌)계		12	8			(10:10)	20
		판정		부정/명랑				좌뇌성향	
24	백준 (남) 오른손	행동(활성)	긍정		3			3	부정
			부정	7				7	
		정서	명랑	7				7	명랑
			우울		3			3	
		(좌뇌:우뇌)계		14	6			(10:10)	20
		판정		부정/명랑				좌뇌성향	
25	치요리 (여) 오른손	행동(활성)	긍정		6			6	긍정
			부정	2		1	1	4	
		정서	명랑	2				2	우울
			우울		6	1	1	8	
		(좌뇌:우뇌)계		4	12	2	2	(8:12)	20
		판정		긍정/우울				우뇌성향	
26	장윤성 (남) 오른손	행동(활성)	긍정		1	3		4	부정
			부정	6				6	
		정서	명랑	6	1			7	명랑
			우울			3		3	
		(좌뇌:우뇌)계		12	2	6		(11:9)	20
		판정		부정/명랑				좌뇌성향	
27	양지웅 (남) 왼손	행동(활성)	긍정		9			9	긍정
			부정	1				1	
		정서	명랑	1				1	우울
			우울		9			9	
		(좌뇌:우뇌)계		2	18			(10:10)	20
		판정		긍정/우울				우뇌성향	
28	심민준 (남) 오른손	행동(활성)	긍정		6			6	긍정
			부정	4				4	
		정서	명랑	4	6			10	명랑
			우울					0	
		(좌뇌:우뇌)계		8	12			(16:4)	20
		판정		긍정/명랑				좌뇌성향	
29	송유민 (여) 오른손	행동(활성)	긍정		4			4	긍정
			부정	5		1		6	
		정서	명랑	5				5	명랑
			우울		4	1		5	
		(좌뇌:우뇌)계		10	8	2		(9:11)	20
		판정		긍정/명랑				우뇌성향	
30	김호윤 (남) 오른손	행동(활성)	긍정		9			9	긍정
			부정			1		1	
		정서	명랑					0	우울
			우울		9	1		10	
		(좌뇌:우뇌)계			18	2		(9:11)	20
		판정		긍정/우울				우뇌성향	
31	박수아 (여) 오른손	행동(활성)	긍정		10			10	긍정
			부정					0	
		정서	명랑					0	우울
			우울		10			10	
		(좌뇌:우뇌)계			20			(10:10)	20
		판정		긍정/우울				좌뇌성향	
32	강태윤 (남) 오른손	행동(활성)	긍정		2			2	부정
			부정	8				8	
		정서	명랑	8				8	명랑
			우울		2			2	
		(좌뇌:우뇌)계		16	4			(10:10)	20
		판정		부정/명랑				좌뇌성향	

		행동	긍정		1		1			2		부정
33	김서진 (남) 오른손	(활성)	부정	8						8		
		정서	명랑	8	1					9		명랑
			우울			1				1		
		(좌뇌:우뇌)계	16	2	2				(11:9)	20		
		판정				부정/명랑				좌뇌성향		
		행동	긍정							0		부정
34	김나은 (여) 오른손	(활성)	부정	3				7		10		
		정서	명랑	3						3		우울
			우울					7		7		
		(좌뇌:우뇌)계	6				14		(3:17)	20		
		판정				부정/우울				우뇌성향		
		행동	긍정		3	3				6		긍정
35	김도연 (여) 오른손	(활성)	부정	4						4		
		정서	명랑	4	3					7		명랑
			우울			3				3		
		(좌뇌:우뇌)계	8	6	6				(13:7)	20		
		판정				긍정/명랑				좌뇌성향		
		행동	긍정			8				8		긍정
36	김선우 (여) 오른손	(활성)	부정					2		2		
		정서	명랑							0		우울
			우울			8		2		10		
		(좌뇌:우뇌)계			16		4		(8:12)	20		
		판정				긍정/우울				우뇌성향		
		행동	긍정			7				7		긍정
37	김연슬 (여) 오른손	(활성)	부정	3						3		
		정서	명랑	3						3		우울
			우울			7				7		
		(좌뇌:우뇌)계	6		14				(10:10)	20		
		판정				긍정/우울				좌뇌성향		
		행동	긍정			7				7		긍정
38	김우진 (남) 오른손	(활성)	부정	1			1	1		3		
		정서	명랑	1						1		우울
			우울			7	1	1		9		
		(좌뇌:우뇌)계	2		14	2	2		(8:12)	20		
		판정				긍정/우울				우뇌성향		
		행동	긍정			8				8		긍정
39	김윤지 (여) 오른손	(활성)	부정	2						2		
		정서	명랑	2						2		우울
			우울			8				8		
		(좌뇌:우뇌)계	4		16				(10:10)	20		
		판정				긍정/우울				좌뇌성향		
		행동	긍정		4	6				10		긍정
40	김정민 (여) 왼손	(활성)	부정							0		
		정서	명랑		4					4		우울
			우울			6				6		
		(좌뇌:우뇌)계		8	12				(14:6)	20		
		판정				긍정/우울				우뇌성향		
		행동	긍정		1	7				8		긍정
41	김태준 (남) 오른손	(활성)	부정	2						2		
		정서	명랑	2	1					3		우울
			우울			7				7		
		(좌뇌:우뇌)계	4	2	14				(11:9)	20		
		판정				긍정/우울				좌뇌성향		
		행동	긍정		5	4				9		긍정
42	김태진 (남) 오른손	(활성)	부정	1						1		
		정서	명랑	1	5					6		명랑
			우울			4				4		
		(좌뇌:우뇌)계	2	10	8				(15:5)	20		
		판정				긍정/명랑				좌뇌성향		
		행동	긍정			8				8		긍정
43	김태희 (남) 오른손	(활성)	부정					2		2		
		정서	명랑							0		우울
			우울			8		2		10		
		(좌뇌:우뇌)계			16		4		(8:12)	20		
		판정				긍정/우울				좌뇌성향		
		행동	긍정		1	4				5		긍정
44	난고미쿠 (여) 오른손	(활성)	부정					5		5		
		정서	명랑		1					1		우울
			우울			4		5		9		
		(좌뇌:우뇌)계		2	8		10		(6:14)	20		
		판정				긍정/우울				우뇌성향		

번호	이름	항목									
45	박민우 (남) 오른손	행동 (활성)	긍정		7					7		긍정
			부정	3						3		
		정서	명랑	3	7					10		명랑
			우울							0		
		(좌뇌:우뇌)계		6	14					(17:3)		20
		판정				긍정/명랑				좌뇌성향		
46	박서이 (여) 오른손	행동 (활성)	긍정			5				5		긍정
			부정	5						5		
		정서	명랑	5						5		명랑
			우울			5				5		
		(좌뇌:우뇌)계				16		4		(10:10)		20
		판정				긍정/명랑				좌뇌성향		
47	박수윤 (남) 오른손	행동 (활성)	긍정		5	3				8		긍정
			부정	1				1		2		
		정서	명랑	1	5					6		명랑
			우울			3		1		4		
		(좌뇌:우뇌)계		2	10	6		2		(14:6)		20
		판정				긍정/명랑				좌뇌성향		
48	박승현 (남) 오른손	행동 (활성)	긍정		4	5				9		긍정
			부정	1						1		
		정서	명랑	1	4					5		명랑
			우울			5				5		
		(좌뇌:우뇌)계		2	8	10				(14:6)		20
		판정				긍정/명랑				좌뇌성향		
49	사토미 (여) 오른손	행동 (활성)	긍정		5	2				7		긍정
			부정	3						3		
		정서	명랑	3	5					8		명랑
			우울			2				2		
		(좌뇌:우뇌)계		6	10	4				(15:5)		20
		판정				긍정/명랑				좌뇌성향		
50	손민경 (여) 왼손	행동 (활성)	긍정		5	2				7		긍정
			부정	3						3		
		정서	명랑	3	5					8		명랑
			우울			2				2		
		(좌뇌:우뇌)계		6	10	4				(15:5)		20
		판정				긍정/명랑				좌뇌성향		
51	송유림 (여) 오른손	행동 (활성)	긍정		3	6				9		긍정
			부정	1						1		
		정서	명랑	1	3					4		우울
			우울			6				6		
		(좌뇌:우뇌)계		2	6	12				(13:7)		20
		판정				긍정/우울				좌뇌성향		
52	신연우 (여) 오른손	행동 (활성)	긍정		2	8				10		긍정
			부정							0		
		정서	명랑		2					2		우울
			우울			8				8		
		(좌뇌:우뇌)계			4	16				(12:8)		20
		판정				긍정/우울				좌뇌성향		
53	신재민 (남) 오른손	행동 (활성)	긍정		1	4				5		긍정
			부정	5						5		
		정서	명랑	5	1					6		명랑
			우울			4				4		
		(좌뇌:우뇌)계			2	8			10	(11:9)		20
		판정				긍정/명랑				우뇌성향		
54	엄재민 (남) 오른손	행동 (활성)	긍정		1	4				5		긍정
			부정	5						5		
		정서	명랑	5	1					6		명랑
			우울			4				4		
		(좌뇌:우뇌)계		10	2	8				(11:9)		20
		판정				긍정/명랑				좌뇌성향		
55	왕예진 (여) 왼손	행동 (활성)	긍정			4				4		부정
			부정	2				4		6		
		정서	명랑	2						2		우울
			우울			4		4		8		
		(좌뇌:우뇌)계				8		8		(6:14)		20
		판정				부정/우울				우뇌성향		

번호	이름		행동/정서	긍정						좌뇌	판정
56	윤승규 (남) 오른손	행동 (활성)	긍정 부정	6	2	2				4 6	부정
		정서	명랑 우울	6	2	2				8 2	명랑
		(좌뇌:우뇌)계		12	4	4				(12:8)	20
		판정				부정/명랑				좌뇌성향	
57	이건우 (남) 오른손	행동 (활성)	긍정 부정	5	1	1 	4			5 5	긍정
		정서	명랑 우울	5	1		4			6 4	명랑
		(좌뇌:우뇌)계		10	2		8			(11:9)	20
		판정				긍정/명랑				좌뇌성향	
58	이윤경 (여) 오른손	행동 (활성)	긍정 부정	7		2	1			3 7	부정
		정서	명랑 우울	7	2		1 2			9 1	명랑
		(좌뇌:우뇌)계		14	4		2			(12:8)	20
		판정				부정/명랑				좌뇌성향	
59	이윤서 (여) 오른손	행동 (활성)	긍정 부정	10						0 10	부정
		정서	명랑 우울	10						10 0	명랑
		(좌뇌:우뇌)계		20						(10:10)	20
		판정				부정/명랑				좌뇌성향	
60	이윤아 (여) 오른손	행동 (활성)	긍정 부정	6	1	1	3			4 6	부정
		정서	명랑 우울	6	1		3			7 3	명랑
		(좌뇌:우뇌)계		12	2		6			(11:9)	20
		판정				긍정/명랑				좌뇌성향	
61	이윤주 (여) 오른손	행동 (활성)	긍정 부정	3	3	3	4			7 3	긍정
		정서	명랑 우울	3	3		4			6 4	명랑
		(좌뇌:우뇌)계		6	6		8			(13:7)	20
		판정				긍정/명랑				좌뇌성향	
62	이첨우 (남) 오른손	행동 (활성)	긍정 부정	2		7		1		7 0 2	부정 우울
		정서	명랑 우울	2		7		1		8	
		(좌뇌:우뇌)계		4		14		2		(9:11)	20
		판정				긍정/우울				우뇌성향	
63	이정윤 (남) 오른손	행동 (활성)	긍정 부정	1		9				9 1	긍정
		정서	명랑 우울	1		9				1 9	우울
		(좌뇌:우뇌)계		2		18				(10:10)	20
		판정				긍정/우울				좌뇌성향	
64	이찬혁 (남) 오른손	행동 (활성)	긍정 부정	6	3	3	1			4 6	부정
		정서	명랑 우울	6	3		1			9 1	명랑
		(좌뇌:우뇌)계		12	6		2			(13:7)	20
		판정				부정/명랑				좌뇌성향	
65	이후성 (남) 오른손	행동 (활성)	긍정 부정	4	2	2	3	1		5 5	긍정
		정서	명랑 우울	4	2		3	1		6 4	명랑
		(좌뇌:우뇌)계		8	4		6	2		(11:9)	20
		판정				긍정/명랑				좌뇌성향	
66	장선아 (여) 오른손	행동 (활성)	긍정 부정	2		8				8 2	긍정
		정서	명랑 우울	2		8				2 8	우울
		(좌뇌:우뇌)계		4		16				(10:10)	20
		판정				부정/우울				좌뇌성향	

67	전세웅 (남) 오른손	행동 (활성)	긍정		2	6			8		긍정
			부정	2					2		
		정서	명랑	2	2				4		우울
			우울			6			6		
		(좌뇌:우뇌)계		4	4	12			(12:8)	20	
		판정				긍정/우울			좌뇌성향		
68	전우진 (남) 오른손	행동 (활성)	긍정			9			9		긍정
			부정	1					1		
		정서	명랑	1					1		우울
			우울			9			9		
		(좌뇌:우뇌)계		2		18			(10:10)	20	
		판정				긍정/우울			좌뇌성향		
69	전준환 (남) 오른손	행동 (활성)	긍정			5			5		긍정
			부정	3				2	5		
		정서	명랑	3					3		우울
			우울			5		2	7		
		(좌뇌:우뇌)계		6		10		4	(8:12)	20	
		판정				긍정/우울			우뇌성향		
70	정재원 (남) 왼손	행동 (활성)	긍정			5		1	5		부정
			부정	4					5		
		정서	명랑	4					4		우울
			우울			5		1	6		
		(좌뇌:우뇌)계		8		10		2	(9:11)	20	
		판정				부정/우울			좌뇌성향		
71	정해린 (여) 오른손	행동 (활성)	긍정		2				2		부정
			부정	8					8		
		정서	명랑	8	2				10		명랑
			우울						0		
		(좌뇌:우뇌)계		16	4				(12:8)	20	
		판정				부정/명랑			좌뇌성향		
72	주다현 (여) 오른손	행동 (활성)	긍정			2		8	2		부정
			부정					8	8		
		정서	명랑					0	0		우울
			우울			2		8	10		
		(좌뇌:우뇌)계				4		16	(2:18)	20	
		판정				부정/우울			우뇌성향		
73	주예나 (여) 오른손	행동 (활성)	긍정			10			10		긍정
			부정						0		
		정서	명랑						0		우울
			우울			10			10		
		(좌뇌:우뇌)계				20			(10:10)	20	
		판정				긍정/우울			좌뇌성향		
74	주예은 (여) 오른손	행동 (활성)	긍정			9			9		긍정
			부정				1		1		
		정서	명랑						0		우울
			우울			9	1		10		
		(좌뇌:우뇌)계				18	2		(9:11)	20	
		판정				긍정/우울			우뇌성향		
75	최서진 (남) 오른손	행동 (활성)	긍정			4			4		부정
			부정	5			1		6		
		정서	명랑	5					5		명랑
			우울			4	1		5		
		(좌뇌:우뇌)계		10		8	2		(9:11)	20	
		판정				부정/명랑			우뇌성향		
76	최승호 (남) 오른손	행동 (활성)	긍정		1	6			7		긍정
			부정	1			2		3		
		정서	명랑	1	1				2		우울
			우울			6	2		8		
		(좌뇌:우뇌)계		2	2	12	4		(9:11)	20	
		판정				긍정/우울			좌뇌성향		
77	최준영 (남) 왼손	행동 (활성)	긍정		6	1			7		긍정
			부정	3					3		
		정서	명랑	3	6				9		명랑
			우울			1			1		
		(좌뇌:우뇌)계		6	12	2			(16:4)	20	
		판정				긍정/명랑			좌뇌성향		

번호	이름										판정
78	하이치 (남) 오른손	행동 (활성)	긍정		1	2			3		부정
			부정	7					7		
		정서	명랑	7	1				8		명랑
			우울			2			2		
		(좌뇌:우뇌)계		14	2	4			(11:9)	20	
		판정			부정/명랑				좌뇌성향		
79	함은서 (여) 오른손	행동 (활성)	긍정			3			3		부정
			부정	7					7		
		정서	명랑	7					7		명랑
			우울			3			3		
		(좌뇌:우뇌)계		14		6			(10:10)	20	
		판정			부정/명랑				좌뇌성향		
80	홍원준 (남) 왼손	행동 (활성)	긍정			6			6		긍정
			부정	1				3	4		
		정서	명랑	1					1		우울
			우울			6		3	9		
		(좌뇌:우뇌)계		2		12		6	(7:13)	20	
		판정			긍정/우울				좌뇌성향		